LA
GARDE MOBILE
DE L'HÉRAULT

PAR

M. le Baron DE MONTVAILLANT

COLONEL DU 45ᵉ RÉGIMENT DE LA GARDE MOBILE

MONTPELLIER
IMPRIMERIE CENTRALE DU MIDI
Ancienne maison Gras. — RICATEAU, HAMELIN ET Cᵉ

M DCCC LXXII

LA
GARDE MOBILE
DE L'HÉRAULT

LA GARDE MOBILE DE L'HÉRAULT AU SIÉGE DE PARIS

IMPRESSIONS ET SOUVENIRS
D'UN CHEF DE CORPS

PAR

M. le Baron DE MONTVAILLANT
COLONEL DU 45e RÉGIMENT DE LA GARDE MOBILE

COMPLÉTÉ PAR UN RÉSUMÉ

DES OPÉRATIONS DE LA BATTERIE D'ARTILLERIE DÉPARTEMENTALE
AU SIÉGE DE LANGRES

ET DE CELLES DES 4e ET 5e BATAILLONS
DÉTACHÉS EN ALGÉRIE PENDANT L'INSURRECTION KABYLE

MONTPELLIER

IMPRIMERIE CENTRALE DU MIDI
(Ancienne maison Gras.— RICATEAU, HAMELIN et Cie)

M DCCC LXXII

Fais ce que dois, advienne que pourra

AVANT-PROPOS

—

Cédant à de nombreuses sollicitations, et ne pouvant, d'ailleurs, se résigner à laisser ignorer à ses concitoyens l'importance du rôle attribué à notre brave légion départementale pendant la guerre, l'auteur de ce livre s'est attaché à faire exactement ressortir le degré de coopération utile donné à la défense nationale par la jeunesse de nos contrées, et l'étendue des sacrifices consentis par le département entier, en vue du salut commun.

Puisque toutes les familles du pays étaient représentées, à de rares exceptions près, dans les rangs de la Garde mobile de l'Hérault, personne autour de nous ne songera à contester l'opportunité d'un récit complet de la participation prise par ce corps aux événements de 1870-1871, durant la courte durée de son existence active.

L'à-propos de cette publication se fait d'autant mieux sentir qu'il est devenu de mode, pour certaines gens qui n'ont pris à la défense du territoire qu'un intérêt platonique, de traiter de capitulards ceux précisément de leurs concitoyens qui ont le plus largement payé de leur personne à l'heure des dangers, comme s'il suffisait à de tels juges de s'ériger en accusateurs pour convaincre l'opinion publique.

A l'épithète injurieuse décernée à la bravoure véritable par les faux braves du lendemain, nous nous plaisons à opposer l'argument des faits ! Que nos misérables adversaires en fassent autant pour ce qui les concerne !

VI

A l'époque de son organisation, la Garde mobile de l'Hérault comprenait une batterie d'artillerie et trois bataillons d'infanterie. Elle s'est complétée plus tard par la création de deux nouveaux bataillons.

Un chapitre spécial de cet ouvrage est affecté au récit des opérations défensives de la place de Langres, auxquelles la batterie départementale a apporté un puissant appui; un second chapitre à la relation du siége de Paris, que nos trois premiers bataillons ont défendu contre les Allemands; un troisième à l'insurrection kabyle, en partie comprimée par les 4e et 5e bataillons du même Corps.

Evitant de sacrifier la physionomie des événements aux puérilités de l'esprit de corps, nous avons raccordé l'histoire particulière du régiment à l'histoire générale du pays, autant qu'il dépendait de notre bon vouloir.

Le lecteur appréciera mieux que nous si nous avons réussi dans la mesure qui convient!

Nous nous fions à l'indulgence de nos concitoyens pour excuser notre insuffisance personnelle à élever en l'honneur de ce département un monument historique digne de lui; et, pour mieux prédisposer l'opinion publique en notre faveur, nous dédions ces quelques pages au souvenir de nos frères d'armes qui, atteints par le feu de l'ennemi ou bien par quelque impitoyable maladie, soit pendant la guerre, soit depuis la rentrée dans leurs foyers, ont succombé victimes de leur dévouement à la patrie.

LA BATTERIE D'ARTILLERIE

DE LA

GARDE MOBILE DE L'HÉRAULT

AU SIÉGE DE LANGRES

Nota. — Conformément aux règles de préséance en vigueur dans l'armée, et qui accordent le premier rang aux corps spéciaux, nous offrons, dans cet ouvrage, la première place à la batterie d'artillerie départementale.— *A tout seigneur, tout honneur !*

Il nous est infiniment agréable, d'ailleurs, d'user d'excellents procédés de camaraderie vis-à-vis d'elle, et nous ne regrettons, dans le moment, que la brièveté des documents la concernant, déposés entre nos mains, lesquels sont trop laconiques pour faire valoir ses titres militaires à la considération publique, autant qu'il serait opportun.

I

LA BATTERIE D'ARTILLERIE

de la

GARDE MOBILE DE L'HÉRAULT

AU SIÉGE DE LANGRES

CHAPITRE UNIQUE

La batterie, à l'effectif de :
Un capitaine commandant, M. de Villemejeanne ;
Un lieutenant en premier, M. Mathieu ;
Un lieutenant en second, M. Sigaudy (Pierre) ;
Un maréchal-des-logis chef, un maréchal-des-logis fourrier, quatre maréchaux-des-logis, huit brigadiers, un trompette et cent quatre-vingt-cinq canonniers,
Fut organisée à Montpellier, le 18 août 1870.
Elle s'installa aux casernes du Polygone, pendant un mois environ, et fut assujettie aux mêmes règles de service que l'armée active, c'est-à-dire exercée deux fois par jour à la manœuvre à pied, et initiée par des écoles

théoriques à l'emploi de l'artillerie dans les armées ou dans les places de guerre.

Obligée de quitter ses premiers baraquements, elle a pris logement dans le Séminaire du diocèse, gracieusement offert par M. le Supérieur de cet établissement, après le départ pour Paris de la 1re compagnie du 3e bataillon d'infanterie.

Les manœuvres à pied ont continué dans ce local, où elles furent complétées par quelques leçons d'artillerie de campagne.

Appelée, par décision de la délégation du Gouvernement, à prendre part à la défense nationale, la batterie a quitté Montpellier le 12 octobre 1870, à l'effectif de 170 hommes, tout compris, quelques hommes ayant manqué au départ.

Elle se rendait à Langres (Haute-Marne), où elle est arrivée le lendemain, par les voies ferrées, pour y être bloquée bientôt après par les armées de l'envahisseur.

Sitôt à destination, elle y fut baraquée au camp de Bel-Air, et désignée immédiatement pour servir les bouches à feu de quelques-uns des bastions de la citadelle.

Cette nouvelle installation effectuée, les canonniers ont continué à être exercés, aussi rapidement que possible, aux manœuvres de l'artillerie de campagne, montagne, siége, places et côtes, dans lesquelles ils ont fait des progrès surprenants, malgré les entraves trop fréquentes apportées à leur instruction par la rigueur de la température.

Quoique la place de Langres se trouvât à l'époque dans de bonnes conditions de défense, il importait néanmoins, eu égard aux redoutables moyens d'action de l'ennemi, de compléter les fortifications de la place et de l'extérieur par des travaux complémentaires.

La batterie départementale y a contribué pour une large part! Elle a confectionné, pendant un mois, des saucissons, gabions, claies, fascines......., etc.; a participé avec activité à la construction de l'ouvage de Brévoine.

Malgré ces occupations multiples et la fatigue qui en résultait pour les hommes, ils n'en continuaient pas moins leurs manœuvres quotidiennes, alors même que les prises d'armes se renouvelaient à toute heure de la journée, au moindre signe de présence de l'ennemi dans le voisinage de la place.

Quittant ses outils pour combattre avec tout autant d'empressement que celui qu'il manifestait quand il y avait lieu de les prendre pour se rendre utile, chaque artilleur volait à son poste d'honneur et de danger dans l'enceinte ou autour d'elle.

Vers la fin de décembre, la batterie reçut l'ordre du lieutenant-colonel, commandant l'artillerie de la place, de se diriger :

1° La portion principale, avec le capitaine commandant, sur le fort Prignon, situé à cinq kilomètres en avant de la place ;

2° Un détachement de 25 hommes, sous les ordres d'un officier, à Corlay, pour servir les pièces de la redoute de ce village ;

3° Un autre détachement de 18 hommes, sous le commandement d'un maréchal-des-logis, à l'ouvrage avancé des Franchises, pour en desservir également les bouches à feu.

Ce dernier ouvrage est établi entre la redoute de Corlay et le fort Prignon, les reliant et croisant ses feux avec eux.

La batterie se trouvant ainsi subdivisée, son service journalier n'en devint que plus pénible, et, les travaux de réparation des ouvrages qu'elle protégeait se multipliant de jour en jour, nos canonniers furent privés de tout repos.

L'ennemi, de son côté, avec la tenacité particulière qui caractérise les Allemands, ne manquait pas d'apparaître presque chaque jour aux environs de la place, pour évaluer le nombre de ses défenseurs et les obliger à dépenser leurs forces en alertes perpétuelles; mais, suivant sa tactique ordinaire, il ne s'exposait que rarement à la justesse de notre tir d'artillerie.

Les Prussiens se tenaient donc, en général, à bonne distance de nos pièces, se contentant d'essayer de les foudroyer avec les leurs, et se retirant plus loin encore aussitôt que nos obus parvenaient à les atteindre.

Telle était encore la situation sous les murs de Langres, lorsque les préliminaires de paix furent signés entre la France et l'Allemagne.

Malgré des fatigues incessantes, le péril et toutes les vicissitudes éprouvées pendant la campagne, les canonniers de l'Hérault ont toujours bien rempli leurs devoirs militaires, et leurs chefs n'ont jamais eu qu'à se louer des sentiments de patriotisme et de courage dont ils donnaient journellement des preuves.

Si des résultats aussi honorables ont été acquis par la batterie départementale en si peu de temps, le mérite principal doit en être attribué à son cadre d'élite en officiers et sous-officiers, et surtout à son brave commandant, M. le capitaine de Villemejeanne, qui s'est prodigieusement multiplié pour être toujours partout où sa présence était utile pendant l'investissement.

S'il n'a pas été donné à nos artilleurs de contribuer davantage à la délivrance de notre chère patrie, qu'ils se consolent en pensant que Langres est une des rares places de l'Est qui n'ont pas eu à ouvrir leurs portes au vainqueur, et, par suite, qu'ils ont pleinement rempli les devoirs qui leur incombaient pendant la guerre.

Ainsi que leurs camarades de l'infanterie de la garde mobile, ils peuvent, avec juste raison, prétendre avoir bien mérité du pays, puisque, avec les sentiments de patriotisme dont ils s'inspiraient et l'esprit de discipline qui les guidait, ils étaient en mesure, dès le mois de janvier, de prêter un précieux concours à l'armée régulière, si les circonstances avaient permis à nos généraux de reprendre l'offensive.

Rentrés tristement dans leurs foyers, après nos revers, ils servent aujourd'hui le pays en bons citoyens, en attendant le jour où il leur sera possible de tenter de nouveau le sort des armes ; et nos braves artilleurs de la batterie espèrent tous que l'occasion de se mesurer une seconde fois avec l'Allemagne sera prochaine.

Le licenciement de la batterie départementale a eu lieu à Montpellier, le 31 mars 1871.

LA

GARDE MOBILE DE L'HÉRAULT

AU SIÉGE DE PARIS

II

LA GARDE MOBILE DE L'HÉRAULT

AU SIÉGE DE PARIS

ENTRETIEN AVEC MES LECTEURS

Notre département était représenté, dans la défense de Paris, par son régiment de garde mobile. Puisque j'ai eu l'honneur de le commander pendant toute la durée du siége, j'ai à vous rendre compte, mes chers concitoyens, de la participation qu'il a prise aux événements de la dernière guerre.

En acceptant, en effet, le commandement de cette légion, exclusivement composée de vos fils et de vos frères, j'avais assumé vis-à-vis de vous un double mandat : celui de ménager avec la plus extrême sollicitude des existences qui vous sont précieuses, et celui de n'être pas parcimonieux à l'excès du sang de ces jeunes Français, sur lesquels la patrie en danger avait tout autant de droits à faire valoir que leurs propres familles.

Je crois avoir suffisamment prouvé combien j'ai compris le premier de ces devoirs, puisque, malgré les fatigues, les privations de toute sorte, les épidémies et les désastres d'une lutte prolongée sans succès, j'ai eu le bonheur de rendre à leurs foyers domestiques la presque totalité des gardes mobiles qui ont pris part à la campagne. Il me reste à justifier que le second de ces devoirs n'a jamais été sacrifié au premier; que le régiment départemental a rempli un rôle important pendant le siége, et qu'il a acquis, par les services rendus au pays, les meilleurs droits à la considération publique.

Ces explications sont nécessaires, car beaucoup de gens en sont encore à estimer les services rendus par les corps d'armée ou de troupes d'après le chiffre de leurs pertes ; d'où il faudrait conclure que la garde mobile de l'Hérault, peu éprouvée par le feu de l'ennemi, n'a été que peu exposée et médiocrement utile.

Le récit que j'entreprends aura pour effet de détruire cette erreur, et de prouver que les gardes mobiles de l'Hérault ont occupé pendant longtemps des postes réputés périlleux, et concouru de la manière la plus honorable au but commun, c'est-à-dire à défendre Paris jusqu'à la dernière extrémité, sinon à le sauver.

Bon nombre de mes compagnons d'armes seront certainement surpris, en lisant ces quelques pages, d'avoir rempli, dans telle ou telle circonstance qui leur sera rappelée, une fonction importante qu'ils ne soupçonnaient pas dans le moment ; car, le plus souvent, les troupes n'ont pas conscience de l'utilité des consignes qu'elles observent, ni de celle des ordres qu'elles exécutent.

Cet historique n'étant guère destiné à passer sous d'autres yeux que ceux des gardes mobiles de l'Hérault et de leurs familles, intéressées à connaître tout ce qui se rapporte à leurs enfants, autrement que par mes laconiques bulletins emportés par ballons, pendant le siége, personne dans le département ne me saura mauvais gré d'entrer ici dans des détails auxquels toute autre catégorie de lecteurs ne trouverait pas le même attrait.

Au résumé, c'est notre vie au jour le jour dont je prétends retracer le canevas.

On comprendra que le commandement soit souvent mis en cause dans ce récit, puisque, selon que les attributions du chef de corps ont pris ou perdu de leur extension, le rôle du régiment, subordonné mainte fois au degré de confiance qu'il inspirait lui-même au général d'armée, s'est modifié dans des proportions relatives.

Dans quel corps, d'ailleurs, y eut-il jamais, plus que dans la garde mobile, connexité intime entre les soldats et leurs officiers ?

Les chefs de bataillon, pendant la durée de notre existence en bataillons, et plus tard les colonels, secondés par eux, n'ont-ils pas eu à exercer un ministère exceptionnel, qui n'incombe à aucun chef de corps régulier ? N'ont-ils pas eu à s'immiscer sans cesse dans tous les détails du service, pour assurer la sécurité et le bien-être des hommes, et cela à cause des moyens incomplets d'action ou d'organisation mis à leur portée, et par suite, surtout, de la sollicitude particulière que leur inspiraient leurs subordonnés de circonstance.

Chacun sait, en effet, combien, sauf quelques rares exceptions, le cadre des officiers ou des sous-officiers était inexpérimenté, celui des comptables improvisé ! Or la bonne volonté dont faisait preuve chacun de ces éléments ne suffisait pas pour assurer le jeu régulier de la machine. Sitôt donc que la force motrice cessait de se faire sentir sur l'un des rouages, celui-ci était sujet à s'arrêter, et l'instrument à se détraquer.

Grâce cependant à l'intelligence et au bon vouloir de ces

éléments auxiliaires, grâce à la rapidité avec laquelle quelques-uns d'entre eux ont acquis l'habitude et l'esprit de leurs fonctions, le fardeau du commandement s'est insensiblement adouci, alors que sa responsabilité allait en grandissant.

Je prie donc ces collaborateurs amis de recevoir ici l'expression de ma gratitude, pour le concours bien dévoué qu'ils m'ont accordé pendant toute la durée du siége.

C'est principalement sous le rapport des exigences de la discipline que les chefs de corps ont eu fort à intervenir, dans les bataillons et régiments de la garde mobile, pour obtenir des résultats tels que le Gouvernement national pût compter sur ces troupes de jeune formation dans les circonstances les plus critiques.

On sait avec quelle précipitation fut effectué l'appel à l'activité, et en présence de quels embarras se trouva le département de la guerre, pris au dépourvu, pour réunir et retenir aux chefs-lieux d'arrondissement tous ces jeunes gens, attirés sans cesse dans leurs foyers par les sollicitations des familles ou par des intérêts majeurs. Dans de telles circonstances, il était doublement difficile de les munir du nécessaire, d'assurer leur instruction et de les assouplir aux assujettissements de leur nouveau métier.

Ces premières entraves suscitées à l'organisation se prolongèrent, et il en survint de nouvelles lorsque, éloignés de chez eux, les gardes mobiles, qui avaient tant besoin d'être tenus en main, furent disséminés à Paris chez les habitants.

Cette dispersion des hommes fut surtout contraire à l'introduction de la discipline dans les compagnies. Les salles de police manquaient généralement, et, lorsque quelqu'une était à grand'peine installée dans les bataillons, il advenait que des bandes de gardes nationaux du quartier s'interposaient auprès des hommes de garde, pour réclamer l'élargissement des détenus.

Cet acte de condescendance était d'autant plus facile à obtenir des postes de service chargés de surveiller les mobiles punis, que tel qui remplissait le rôle de gardien un jour pouvait être à son tour sous les verrous le lendemain.

C'est en s'apercevant eux-mêmes de l'insuffisance des moyens de répression mis à la disposition des chefs, que les hommes se laissèrent entraîner par la suite à des fautes plus graves, surtout lorsque le commandement eut vainement sollicité la disposition des prisons dans les forts et l'emploi des conseils de guerre vis-à-vis de quelques incorrigibles. Mais les cachots étaient insuffisants pour les troupes régulières, et les tribunaux militaires acquittaient invariablement les accusés, faute sans doute de garanties suffisantes pour assurer l'exécution des peines encourues par certains individus qui démoralisaient l'armée.

Il est d'autres difficultés que, de son plein gré, le Gouvernement provoqua bien inutilement.

Je fais allusion à la malheureuse inspiration qu'eut le Pouvoir révolutionnaire du 4 septembre d'introduire la nomination des officiers par voie d'élection dans les corps de gardes mobiles, ce qui ébranla pendant longtemps l'autorité des chefs et les fit considérer par les masses comme des instruments à leur discrétion. Le malencontreux système des élections habitua tout le monde, dans l'échelle hiérarchique, à discuter les ordres reçus et, par suite, à les exécuter avec hésitation.

Nous avons entendu plus tard ceux-là mêmes qui en avaient retiré quelque avantage reconnaître hautement les vices d'un système aussi contraire à l'observation des règles de la discipline.

Quant à l'éducation militaire des hommes, elle s'exécutait imparfaitement dans Paris, par suite de l'encombrement des places et des grandes artères par des troupes de toute espèce, par la garde nationale sédentaire principalement, très-accapareuse de sa nature. Chacun de nos régiments s'arrangeait, comme il le pouvait, dans les principales rues de son quartier, où les pelotons, conduits par des instructeurs peu expérimentés, s'enchevêtraient sans cesse les uns dans les autres, et perdaient du temps pour se rétablir en bon ordre.

Malgré tout, cependant, l'instruction des bataillons se poursuivait, et la discipline s'établissait petit à petit dans les rangs des gardes mobiles du régiment. Je les félicite des bonnes dispositions qu'ils ont montrées pour la plupart dès cette époque ; car le caractère méridional a de la peine plus que tout autre à se plier aux exigences du régime militaire. L'on pouvait craindre qu'il ne fût rebelle davantage, surtout lorsque les corps de l'armée régulière présents dans Paris fournissaient de nombreux mauvais exemples à nos conscrits.

L'un des ennuis avec lesquels l'autorité militaire supérieure s'est trouvée le plus souvent aux prises, au sein du régiment, provient de la tendance naturelle des hommes à accepter sans réflexion et à accréditer certains bruits dénués de fondement.

Cette prédisposition les portait à attribuer aveuglément au chef de corps tous les événements susceptibles de les contrarier, et, par suite, à ne se prêter qu'avec tergiversation à des mesures utiles, prises dans leur intérêt, lorsqu'ils n'en comprenaient pas l'opportunité.

Il ne manquait pas de gens autour d'eux, bien entendu, pour exploiter ces tendances et pousser les gardes mobiles à manifester un mécontentement d'autant plus difficile à vaincre que leurs impressions se traduisaient bruyamment, et que les gradés intermédiaires n'intervenaient pas toujours avec l'à-propos voulu pour calmer les impatiences, combattre les préjugés et tenir tête aux mauvaises influences.

N'a-t-on pas prétendu, par exemple, que, sans en avoir reçu l'ordre, j'avais conduit le régiment à Paris ?

Plus tard, les hommes n'étaient-ils pas convaincus que leur séjour prolongé aux avant-postes était le résultat de calculs intéressés du colonel, alors que le moment était venu pour eux de rentrer dans les casernes de la capitale ?

Enfin, après l'armistice et la capitulation, ne m'attribuaient-ils pas, toujours pour des motifs de convenance personnelle, les causes de retard que rencontrait leur départ de Paris, comme s'il n'eût dépendu que de moi que le régiment fût rapatrié avant tous les autres.

Malgré l'absurdité de toutes ces suppositions, bénévolement formulées, je me propose de les réduire à leur juste valeur, au fur et à mesure que ce récit le comportera.

Si les gardes mobiles, parfois inquiets, fussent du moins venus amicalement jusqu'à moi pour m'exposer leurs peines et s'éclairer avec sincérité sur les causes de leurs ennuis, je me serais toujours fait un plaisir de dissiper leurs préoccupations et de ramener ces chers enfants au sentiment du juste ; mais ils étaient travaillés, je le répète, par quelques mauvais sujets qui, méconnaissant l'esprit de corps et les exigences de la vie militaire, cherchaient à passionner les masses et à pervertir leurs esprits par le découragement. Si ignorants qu'ils fussent eux-mêmes des choses du métier, ils se permettaient de faire insérer dans les journaux radicaux des articles dépourvus de sens commun, et dans lesquels le commandement était systématiquement dénigré.

Au résumé, cette charge du commandement a été très-laborieuse et très-délicate dans tous les corps de la garde mobile, et en particulier dans celui de l'Hérault, parce que le caractère de la jeunesse s'y ressent trop des habitudes de bien-être et d'indépendance que nous vaut une grande dose de richesse publique.

Malgré toutes les difficultés inhérentes à notre organisation, je me suis attaché toujours à les surmonter, sans découragement, par la raison même que je les avais prévues, et j'affirme aujourd'hui, sans vanité aucune, puisque chacun de mes collaborateurs peut en revendiquer sa part de mérite, que la garde mobile de l'Hérault s'est trouvée finalement constituée aussi solidement que n'importe quel autre corps de la même arme, qu'elle a bravement fait son devoir dans toutes les circonstances, et que sa participation effective aux opérations du siége constitue un événement glorieux, dont le département tout entier aura lieu d'être fier pendant de longues années.

I

Avant le départ pour Paris

du 18 août 1870 aux 12, 13 et 14 septembre

Lorsque, au mois de juillet 1870, la guerre vint à éclater entre la France et l'Allemagne, la loi du 1er février 1868 n'avait reçu qu'une application factice dans le département de l'Hérault, par la création, *sur le papier*, de trois bataillons de garde mobile, et leur répartition entre huit compagnies dans chaque bataillon.

C'était tout ! Les cadres n'étaient pas constitués, les magasins étaient vides à l'époque de nos premiers revers, et l'administration de la guerre tergiversait encore à tirer parti de la puissante réserve si intelligemment créée par le maréchal Niel, de regrettable mémoire.

On prenait des demi-mesures, et, pendant ce temps, l'armée ennemie s'établissait en Alsace-Lorraine.

Le 27 juillet, les trois chefs de bataillon de la garde mobile de l'Hérault furent cependant nommés ! C'étaient : MM. *Belleville,* ancien lieutenant d'infanterie, démissionnaire ;

Wilham, officier du génie, presque aussitôt remplacé, par permutation, par M. *Vincens,* capitaine adjudant-major en activité au 95e de ligne ;

De Montvaillant, ancien capitaine d'infanterie, démissionnaire.

Le premier de ces officiers supérieurs était appelé au commandement du bataillon de Béziers, le second à celui du bataillon de Lodève, le troisième à celui du bataillon de Montpellier.

De même que l'art de gouverner consiste à prévoir, de même le mérite du commandement militaire consiste à ne jamais rien livrer au hasard. Par ses soins intelligents, tout doit être préparé d'avance pour assurer un emploi productif des forces et des moyens matériels dont cette autorité dispose.

Les trois officiers supérieurs placés à la tête des bataillons de l'Hérault comprenaient également l'importance de ce principe; aussi ne perdirent-ils pas une heure pour se mettre, eux et leur troupe, en mesure de rendre les meilleurs services. Il était impossible, en effet, de se faire illusion sur la précipitation avec laquelle le concours de la garde mobile devait être réclamé pour coopérer à la défense nationale.

L'organisation des cadres fut pressée en conséquence, ainsi que la passation des marchés et la livraison des premiers effets d'habillement, d'équipement et de linge et chaussure.

Le Conseil d'administration central, composé de Messieurs *Mouton*, capitaine-major; *Toillon*, capitaine trésorier; *Héraud*, capitaine d'habillement, vint en aide aux chefs de corps avec une activité digne d'éloges.

Les officiers subalternes ayant été nommés le 13 août par M. le Général de division baron *Duchaussoy*, sur la présentation des chefs de bataillon, selon l'esprit de la loi fondamentale, c'est-à-dire choisis en partie parmi d'anciens militaires, et en partie aussi parmi les personnes de dévouement exerçant quelque influence dans les cantons, c'est-à-dire dans leurs compagnies respectives, les commandants pourvurent immédiatement eux-mêmes aux nominations des sous-officiers, caporaux et tambours, de telle sorte que tout ce personnel était prêt à entrer en fonctions lorsque les jeunes gens du contingent se présentèrent, le 18 août au matin, aux lieux de rassemblement assignés : Béziers, Lodève, Montpellier [1].

---

[1] Qu'il me soit permis de rendre ici un juste hommage de gratitude aux autorités civiles et religieuses de la ville de Montpellier, pour la bonne grâce avec laquelle elles vinrent en aide au commandant du 3ᵉ bataillon pour l'installation des gardes mobiles, au moment de leur arrivée. Mgr l'évêque Lecourtier permit de disposer des bâtiments du Séminaire, et M. le Supérieur de cet établissement eut toute sorte de bontés pour les jeunes gens dont il assurait l'hospitalité. — M. le Recteur Donné agit de même, en ce qui concerne le Lycée, avec le concours de M. le Proviseur, patriotiquement secondé par son personnel entier, sans exception. — M. Benoit, directeur de la Compagnie des lits militaires, fit preuve aussi du plus grand dévouement dans la circonstance, pour atténuer nos embarras d'installation.

Je ne payerais qu'imparfaitement ma dette de reconnaissance si je n'adressais mes remerciements publics aux journaux politiques de la localité, pour la bienveillance qui a présidé à l'insertion de toutes les annonces du chef de corps ayant trait à l'organisation du 3ᵉ bataillon.

Je remercie enfin tous mes concitoyens pour leurs dons volontaires en nature ou en argent, destinés à former une petite caisse de secours qui, en maintes occasions, nous est venue en aide, lorsque les allocations réglementaires faisaient défaut pour satisfaire à des dépenses obligées.

A Béziers et Lodève, l'impulsion patriotique des populations et des autorités s'est traduite par des libéralités analogues.

A leur arrivée, les gardes mobiles trouvèrent leurs chefs prêts à les recevoir. Un casernement plus ou moins régulier était disposé pour les abriter. Les ordinaires purent fonctionner immédiatement, et la première instruction être donnée, malgré les effectifs considérables des compagnies et le petit nombre des instructeurs susceptibles d'être utilisés.

Tout avait été tenté cependant pour en augmenter le nombre, puisque, par anticipation au décret d'appel à l'activité, des classes d'instruction fonctionnaient à Montpellier, dès la fin de juillet, pour tous les jeunes gens soucieux d'en profiter. Pendant les trois semaines qui précédèrent la mise en route des contingents, deux cent cinquante sujets furent initiés ainsi au métier des armes, et acquirent des droits à la répartition des grades subalternes.

La concentration des bataillons étant opérée, on sait quelles difficultés se dressèrent en face des chefs chargés d'assouplir cette jeunesse ardente aux exigences de la discipline, et de poursuivre avec fruit son éducation militaire.

Tiraillés par leurs familles, qui les voyaient s'éloigner avec de justes regrets, et comprenant que l'impunité leur était à peu près acquise par cela même que la rentrée dans leurs foyers s'effectuait en masse, les gardes mobiles de l'Hérault quittèrent en grand nombre, et par trois fois successives, les chefs-lieux de rassemblement, et ne regagnèrent leurs cantonnements qu'au prix des plus grands efforts de la part des autorités civiles et militaires.

L'on s'attachait à tous les prétextes pour justifier ces

absences illégales, contre lesquelles il répugnait au commandement de sévir avec rigueur, et l'on se plut à les baser surtout sur la maladroite juridiction des conseils de révision en matière de soutiens de famille.

Quelques plaintes fondées servaient malheureusement à en excuser beaucoup d'autres qui ne l'étaient pas, et l'on fit tant et si bien pour obliger ces conseils à réviser leurs opérations, que la clôture n'en était pas effectuée lorsque arriva l'ordre de départ pour Paris des bataillons de la garde mobile de l'Hérault.

Il y avait cependant, au milieu de la torpeur générale, un certain nombre de gardes mobiles du département que les malheurs du pays rendaient totalement insensibles à toute considération d'affections privées ou d'intérêts matériels. Ceux-là restaient inébranlables dans la sainte résolution de se sacrifier à la défense de la patrie, et aspiraient autant à verser leur sang pour la cause nationale que d'autres, plus égoïstes, y songeaient peu [1].

---

[1] Le commandant du 3e bataillon recevait, à la date du 25 août, la lettre suivante, qui fait l'éloge de son auteur, auquel je reprocherai d'avoir gardé l'anonyme, puisqu'il m'a privé ainsi du plaisir de lui manifester mes sympathies les meilleures, pendant tout le temps que nous avons vécu ensemble :

« Monsieur le Commandant,

» Voilà bien des jours que nous avons été convoqués ! Que faisons-nous ici ?

» Nous vivons dans une regrettable oisiveté ; nous imposons sans » profit des dépenses à l'État ; nous dévorons le pécule de nos pau-
» vres parents ; nous peuplons les cafés, nous augmentons entre » nous nos dispositions à l'indiscipline.

» Ce n'est pas ainsi qu'agissent nos ennemis les Prussiens !

» Si l'on ne doit pas nous donner les mœurs militaires, qu'on

Certains gardes mobiles poursuivaient donc leur apprentissage avec zèle, et la masse se dégrossissait petit à petit de ses allures bourgeoises; aussi lorsque, le 25 août, M. le Général de division voulut passer en revue le 3ᵉ bataillon, sur la promenade de l'Esplanade, à Montpellier, ce bataillon se présenta-t-il convenablement à ses yeux et à ceux de nos concitoyens, qui constatèrent déjà des progrès notables, de bon augure pour l'avenir.

Le lendemain, ce même bataillon faisait acte d'ancienneté de service en prenant charge de la police militaire de la ville, dans les postes d'honneur de la Place et du Palais de Justice, et il s'acquitta parfaitement de ses devoirs depuis lors jusqu'au jour du départ. Dès le 29, en effet, le commandant eut l'occasion de mettre à l'ordre du jour du bataillon les noms de quelques gar-

» nous renvoie à nos champs, où nous serons au moins utiles à
» quelque chose.

» Sommes-nous des histrions, pour chanter chaque soir dans les
» cafés et nous donner en spectacle, ou sommes-nous des soldats?

» Si nous sommes des soldats, qu'on nous discipline à la vie des
» camps! qu'au son de nos clairons, à l'heure de la retraite, nous
» rentrions dans nos casernements; qu'on multiplie les heures
» d'exercice avec ou sans armes; qu'on nous pénètre de l'amour
» de l'exactitude et de l'obéissance; que la sévérité des codes mi-
» litaires fasse taire enfin notre trop grande indépendance !

» Si nous sommes des soldats, qu'on nous éloigne au plus vite
» d'un pays où, au contact de nos parents et avec notre attache du
» sol natal, s'amollissent nos cœurs.

» Nous perdons un temps précieux, et certainement la patrie ré-
» clame d'autres hommes que ceux nous sommes aujourd'hui !

» Qu'on fasse donc de nous sans retard des soldats !

» *Signé :* Un Garde mobile sérieux et patriote. »

des mobiles, dont l'énergie s'était manifestée pendant la durée de leur faction.

Les armes, distribuées en petite quantité au début, faisant défaut pour l'instruction, il en fut remis en nombre suffisant aux divers bataillons, à la fin du mois d'août.

Les événements se précipitaient d'ailleurs dans l'Est, et le Gouvernement songeait enfin à tirer un sérieux parti de la garde mobile.

Constituée par bataillons à l'origine, on l'agglomérait successivement en régiments, sur tous les points du territoire, et celui qu'avaient formé les contingents de l'Hérault, sous le n° 45, reçut pour chef le commandant du 3e bataillon, M. de Montvaillant, promu au grade de lieutenant-colonel par décret du 2 septembre.

C'est à cette époque que commence véritablement l'histoire du régiment.

Le surlendemain, 4 septembre, fut un jour de deuil pour la patrie tout entière, par la notification publique du désastre de Sedan.

Au découragement très-grand de nos populations succéda cependant bientôt un élan patriotique, qui se révéla, de la part des gardes mobiles, par une bonne volonté manifeste dans l'observation de la discipline et dans l'étude du maniement des armes.

La proclamation de la République avait suscité de nouvelles espérances chez les personnes même les moins enthousiastes d'ordinaire de cette forme de gouvernement, parce que, avec juste raison, chacun attribuait au régime déchu les causes principales des malheurs publics, et se plaisait à penser que les effets de la révolution nouvelle se manifesteraient immédiatement, et avec le même éclat qu'en 1792.

Personne n'avait idée qu'en des temps de crise aussi terrible, des énergumènes, appartenant à un parti quelconque, oseraient révéler des passions égoïstes, ni profiter des circonstances pour créer des embarras à l'autorité, en suscitant des troubles à l'intérieur.

La France n'ayant pas trop de tous ses enfants pour se soustraire aux périls de l'invasion prussienne, il y avait lieu de compter que toutes les opinions se rallieraient en un faisceau compacte de poitrines françaises, pour former des corps d'armée disciplinés et revendiquer l'honneur de marcher à l'ennemi.

Il n'en fut malheureusement pas ainsi, et l'on put constater bientôt que les exaltés d'un parti qui prétendait ne plus attendre que l'avénement du gouvernement républicain pour manifester son patriotisme cherchaient, plus encore que par le passé, à se soustraire aux obligations du service militaire.

On s'aperçut en même temps que c'étaient les gens qui vociféraient le plus habituellement : *Mourir pour la patrie,* et tous autres chants patriotiques, qui étaient le moins disposés à payer de leur personne. En revanche, ils dépensaient leurs efforts en manifestations bruyantes et en actes de licence propres à inquiéter les honnêtes gens.

La ville de Montpellier, d'habitude si calme, fut troublée, pendant quelques jours, par des bandes venues du dehors, dans les tenues les plus débraillées, composées d'individus pris de boisson et qui n'avaient d'autre but que de se produire en public, drapeau rouge en tête, et d'exciter les passions populaires.

L'administration fit preuve d'indulgence, pendant quelques jours, vis-à-vis des tapageurs ; mais, l'inquiétude publique croissant avec le désordre, il fallut en arriver, comme toujours, à la répression.

Le 9 septembre, une forte bande fut signalée, se rendant de Cette à Montpellier, chiffon écarlate en tête, pour y renouveler les mêmes scènes scandaleuses. Le chef de ces drôles eut même l'impudence de s'annoncer par une dépêche au colonel de la garde mobile de l'Hérault, en lui enjoignant de venir le recevoir en gare avec un détachement armé, précédé de musique et de tambours, c'est-à-dire avec les honneurs attribués à une troupe qui entre triomphalement dans une localité après avoir accompli une mission glorieuse.

Il reçut naturellement de ce dernier, et par le télégraphe, la réponse qu'il méritait, ce qui ne le découragea néanmoins pas.

Le premier acte de ces forcenés, déçus dans leurs vaniteuses espérances, fut de rejeter leur colère sur le chef de poste de la place de la Comédie, officier de mobiles, qui mit aussitôt sa garde sous les armes, mais pour un tout autre motif que celui de rendre les honneurs à pareille troupe. — La bande se répandit ensuite dans la ville, hurlant tour à tour des chants patriotiques et des chansons obscènes, arrachant les plaques des Compagnies d'assurance, brisant les portes, assaillant à coups de pierres quelques gendarmes qui les sommaient de replier des étendards, symboles d'émeute, et de cesser de révolutionner la cité.

Dans la soirée, et après avoir fait preuve d'une incroyable longanimité, l'autorité se résolut à mettre un terme à de tels désordres, qui n'ont rien de commun avec la liberté dont les citoyens peuvent user, et, les troupes régulières n'étant plus qu'en petit nombre dans la garnison, ce fut surtout à la garde mobile que fut confié le soin de rétablir l'ordre public.

En prévision de cet événement, les officiers avaient reçu de leur chef les ordres nécessaires, et, s'étant dispersés par la ville, ils avaient engagé les hommes à rentrer dans les casernes pour y garder leurs armes, que les émeutiers se proposaient d'enlever, et pour être prêts à marcher au premier signal.

Un énorme détachement de volontaires de la garde mobile se trouva donc réuni aussitôt que notre concours eut été requis, et, en quelques instants, il occupa les principales places, fournissant des patrouilles nombreuses qui sillonnaient la ville, et arrêtant tous ces vauriens, qui, conduits au poste, étaient surveillés comme ils le méritaient.

Bientôt après, le bataillon tout entier se trouva réuni, et prêt à faire son devoir.

Une cinquantaine d'individus furent mis en état d'arrestation. Plusieurs d'entre eux étaient armés de couteaux effilés et de revolvers chargés, ce qui prouve à quel point leurs intentions étaient honnêtes.

Tous les autres de la bande purent s'esquiver et se gardèrent bien de troubler un instant de plus la tranquillité publique.

Deux heures après, il n'y paraissait plus de l'émeute.

Les gardes mobiles du 3ᵉ bataillon s'étaient admirablement comportés, et ils étaient tout fiers eux-mêmes de leur attitude énergique dans la circonstance. Ils se sentaient désormais solidaires les uns des autres et unis étroitement à leurs chefs, qui tous, sans exception, avaient prêché d'exemple à la fois en vigueur et en humanité.

La ville de Montpellier fut profondément reconnaissante envers la garde mobile du service qu'elle lui avait rendu, et, chose plus importante, le régiment, par sa fermeté dans cette journée, avait en quelque sorte répudié pour toujours une solidarité quelconque avec les fauteurs de trouble.

Le lendemain, 10 septembre, en prévision de nouveaux désordres, et sans avoir été convoqué, le bataillon reprenait de lui-même les positions occupées la veille au soir, et nos braves jeunes gens se trouvaient la plupart en armes, en bon ordre, sur la place de la Comédie, lorsqu'en sortant de la préfecture, où il avait été mandé, le lieutenant-colonel arriva au milieu d'eux, pour donner communication de la dépêche officielle prescrivant leur départ pour l'armée, avec la capitale pour destination.

Il convient de citer textuellement cette dépêche, pour détruire l'un des préjugés dont il a été parlé dans notre préface, c'est-à-dire l'affirmation que le chef de corps ait mis sa troupe en route pour Paris sans en avoir reçu l'ordre. — Voici le télégramme relatif à ce mouvement :

Paris, 10 septembre 1870, — 2 h. 45 du soir.

Le Gouverneur de Paris à M. le Préfet de l'Hérault.

Faites venir immédiatement à Paris, par le chemin de fer, les trois bataillons de la garde mobile du département. Les officiers envoyés à l'avance pour préparer le logement des hommes se présenteront chez le gouverneur de Paris, dès leur arrivée.

TROCHU.

L'ordre de départ, pressenti du reste depuis plus de huit jours, émanait donc du Gouvernement. Et pouvait-il en être d'ailleurs autrement ? Se serait-il trouvé un général, un préfet, pour prêter la main à l'embarquement en chemin de fer de 3,600 hommes, et pour les envoyer à deux cents lieues de distance, dans telle ou telle direction, sans que la responsabilité fût entièrement à couvert ?

Est-ce à dire que le lieutenant-colonel ait été absolument étranger à la mesure adoptée ? Loin de s'en défendre, il reconnaît volontiers qu'il n'a cessé de solliciter ce départ auprès des ministres de la guerre et de l'intérieur, jusqu'à la prise en considération de sa demande.

Les gardes mobiles réclamaient eux-mêmes leur éloignement (qu'ils se le rappellent de bonne foi), parce que, sollicités sans cesse par leurs familles, par leurs intérêts, ils comprenaient tous qu'ils ne feraient que de médiocres soldats, tant qu'ils resteraient au centre de toutes les causes tendant à les détourner de leurs devoirs militaires.

Le chef de corps partageait ce sentiment. Il importait au suprême degré de les soustraire au plus vite à ce milieu, si contraire au but de la mobilisation des bataillons, et, par suite, de les sortir de Montpellier, de Béziers et de Lodève.

Mais le colonel demandait instamment aussi que le.

régiment fût dirigé sur Paris, en vertu de ce principe, qu'il ne faut jamais demander aux troupes de nouvelle formation plus que ce qu'elles peuvent produire.

Or la marche rapide des Prussiens sur la capitale, la dernière de nos places fortes aisément accessible, était annoncée par toutes les dépêches, et il y avait lieu d'opter, dès lors, entre l'emploi presque immédiat de nos bataillons, dans une ville dont le siége allait commencer quelques jours après, ou l'emploi, presque immédiat également, des mêmes troupes dans les armées de secours, destinées à inquiéter l'assiégeant.

Le temps devant manquer de toute manière pour compléter l'instruction du régiment, l'habituer aux marches, contre-marches et privations matérielles, l'assouplir surtout à une discipline rigoureuse, sans laquelle les plus habiles conceptions des généraux sont infructueuses pour assurer la victoire ; le colonel, tenant compte encore du tempérament de nos populations, de leur facilité à s'abattre moralement en cas de revers, crut qu'il était de l'intérêt du pays, autant que de l'intérêt des hommes, de reculer pour eux le moment des épreuves du champ de bataille, sans les priver néammoins de l'occasion d'être utiles dans des conditions plus favorables à la défense nationale.

Il jugeait indispensable d'enfermer le régiment dans une place assiégée, et de gagner le temps nécessaire pour compléter l'instruction et militariser les hommes à tous les points de vue. Or, parmi les places fortes, Paris était, par ses ressources variées, incontestablement supérieures à toutes les autres, celle qui offrait des garanties spéciales d'émulation et de bien-être pour les gardes mobiles.

Personne, d'ailleurs, ne s'imaginait en septembre que le blocus de la capitale pût être jamais aussi rigoureux que ce qu'il l'est devenu par la suite ; que les Prussiens se borneraient à affamer la ville, au lieu d'en faire un siége régulier, ni que l'entrain national serait à tel point paralysé dans le pays, que Paris, tenant bon pendant quatre mois et plus, la province ne parviendrait pas à briser le cercle de fer de l'assiégeant.

L'expérience n'a que trop prouvé combien nos calculs étaient justes quant au meilleur parti à tirer de la garde mobile, qui a rendu partout d'excellents services dans les places, et de médiocres services en rase campagne, les hommes n'étant pas encadrés et aguerris suffisamment pour ce mode d'emploi.

Il en a été de même non-seulement pour les mobilisés, mais pour beaucoup de régiments de marche, et cela pour des causes semblables d'insuffisance d'instruction et de discipline, auxquelles le patriotisme ne remédiera jamais.

L'affaissement du sens politique en France a malheureusement produit celui du sens moral, du patriotisme, et les cultes de la famille, de la religion, n'ont pas été altérés sans que le culte du drapeau ait eu à subir aussi de violentes atteintes. Il faut bien se persuader que l'indépendance absolue des individus ne s'acquiert qu'aux dépens de l'indépendance de leur nationalité, car l'excès des prétentions personnelles en matière de liberté a pour effet, tout au moins en France, d'inspirer une telle dose de vanité aux citoyens, qu'il leur répugne ensuite de servir d'instrument passif entre les mains de qui que ce soit, chefs militaires ou autres, et, dès lors, la force des armées est anéantie.

La dernière compagne l'a surabondamment démontré.

Démoralisés par l'effet moral de l'artillerie, et refusant de se charger du transport de plusieurs jours de vivres, les recrues indisciplinées de nos armées de la Loire et de l'Est éprouvaient des revers successifs, souffraient de leur mauvais vouloir et attribuaient ensuite à l'incurie de l'administration, à l'incapacité ou à la trahison des généraux, tous les accidents dont elles étaient victimes, au lieu de les imputer, comme de raison, à leur imprévoyance, à leur manque de soumission et, parfois, à la couardise de certains hommes.

C'est qu'il est beaucoup plus commode de déverser le blâme sur ses chefs que de s'accuser soi-même de tous les malheurs que l'on éprouve par sa faute. Nous tenons d'autant plus à rectifier aujourd'hui ces imputations insensées, que les militaires clairvoyants avaient constaté depuis longtemps l'affaissement du sentiment militaire en France, étudié les causes de cette altération du patriotisme public, tenté d'extirper dans ses racines le mal dont l'armée française était atteinte, et prévu avec douleur les fatales conséquenses de l'esprit d'insubordination des troupes.

Et comment veut-on que le soldat soit respectueux à l'égard de ses chefs, docile aux règlements à son arrivée sous les drapeaux, lorsqu'il manque de toute espèce d'éducation morale antérieure? Nos mœurs sont malheureusement telles, que la jeunesse française jouit, dès le premier âge, de la plénitude de son indépendance. Abandonnée à ses instincts, elle grandit dans le mépris de ses devoirs, et atteint sa majorité sans avoir guère reçu d'autres conseils que ceux de ses passions, rencontré d'autres freins à ses caprices que ceux des impossibilités matérielles.

Dépourvus de tout respect pour les personnes, pour les choses, pour les principes, nos enfants deviennent hommes, participent à la marche des affaires du pays, par le suffrage universel, sans en connaître le premier mot, et sans avoir jamais entendu parler d'aucune des obligations qui constituent la contre-partie indispensable des droits acquis.

Et c'est avec de tels éléments que l'on prétend former une société bien organisée !

C'est à des hommes qui n'ont jamais eu à faire acte de soumission dans la vie privée que nous demandons l'abnégation, la noblesse de sentiments et l'esprit d'obéissance qui caractérisent les bonnes armées !

Mauvais calculs que ceux-là !

Si nous voulons reprendre notre rang de grande puissance européenne, il faut réorganiser nos forces militaires par la moralisation des masses plus encore que par une discipline rigoureuse. Cette discipline sera factice, en effet, tant que nos enfants n'auront pas été préparés à la subir par un mode d'éducation sérieux et sévère.

En un mot, avant de songer à les instruire de ce qu'ils sont en droit de réclamer du corps social, astreignons-les à bien connaître les obligations qu'ils ont à remplir eux-mêmes à l'égard de la société.

A l'œuvre donc tout le monde, pour former, avec la jeunesse actuelle, une génération plus virile et moins présomptueuse que la nôtre !

II

En route pour Paris

du 12 au 19 septembre 1870

Ce fut avec une explosion de joie que le 3ᵉ bataillon de l'Hérault apprit la nouvelle de son départ pour Paris, et l'événement, notifié à Lodève et Béziers, produisit une impression analogue parmi les gardes mobiles du régiment.

Chacun se disposa pour le voyage !

En vertu de l'accord établi par M. le Préfet du département avec les Compagnies de chemins de fer pour assurer les moyens de transport, l'ordre de mise en route fut ainsi réglé :

Le 3ᵉ bataillon (Montpellier) devait partir le 12 septembre, en deux trains de 600 hommes chacun ;

Le 2ᵉ bataillon (Lodève), le 13 septembre, en deux convois de même importance ;

Enfin le départ du 1ᵉʳ bataillon (Béziers) était fixé au 14 septembre, dans des conditions identiques.

Ces dispositions furent rigoureusement observées.

Le tout n'était cependant pas de partir : il fallait arriver à destination. Or la marche des Allemands sur Paris, effectuée avec rapidité, pouvait déjouer les meilleurs calculs.

La veille du jour de départ, une dépêche du ministre de l'intérieur arriva à Montpellier, annonçant que le mouvement de l'ennemi s'accusait de plus en plus. Il avait envahi déjà le département de Seine-et-Marne.

Cette circulaire, suivie pour le département de l'Hérault de l'annotation spéciale : *Remarquez bien que la Seine-et-Marne est en partie occupée,* était propre à susciter une légitime anxiété dans l'esprit des chefs appelés à conduire les bataillons jusqu'à Paris.

Le chef du mouvement de la Compagnie Paris-Lyon fut consulté pour savoir de lui si, malgré ces nouvelles, le régiment devait suivre la ligne de la Bourgogne pour atteindre sa destination.

La réponse fut affirmative. L'administration comptait, en effet, pouvoir opérer le transport des troupes avant que Fontainebleau et Melun fussent en possession de l'ennemi.

Le premier départ eut lieu de Montpellier, à deux heures du soir, le 12 septembre, et le second le suivit de près ; tous deux effectués aux cris enthousiastes de la population accourue aux abords de la gare.

Le lendemain, Lodève ; le surlendemain, Béziers, étaient, à leur tour, en émoi profond.

Tous ces détachements ayant à peu près suivi la même route, nous ne parlerons en détail que du premier.

Par suite des ordres venus de Paris, la marche du train fut modifiée à Givors, et, laissant la Bourgogne à l'est, il prit la direction du Bourbonnais.

Dès Gien, les gardes mobiles purent s'apercevoir qu'ils se rapprochaient de l'ennemi par la vue du grand nombre de charrettes et de voitures chargées que conduisaient les paysans qui se dérobaient précipitamment à l'invasion.

Les routes ordinaires étaient encombrées par les émigrants.

On arriva sans encombre, le 13 septembre, entre sept et huit heures du soir, à Montargis, où, un échange de dépêches s'étant effectué avec Paris, il fut décidé que le train continuerait à suivre la route principale pour arriver vite au terme de son voyage.

Tenant compte toutefois de ce que les éclaireurs ennemis avaient été signalés à distance rapprochée de la voie, le lieutenant-colonel jugea à propos de garantir, par de prudentes dispositions, la sécurité des hommes qu'il conduisait.

Tous les officiers rallièrent leurs compagnies, avec ordre, en cas d'alerte coïncidant avec un temps d'arrêt du train en dehors des gares, de prendre aussitôt des mesures spécifiées d'avance, pour tirer le meilleur parti possible et des hommes et des cartouches disponibles.

La quantité de munitions emportées n'étant pas considérable, certains gardes mobiles, choisis parmi les plus hardis et les meilleurs tireurs, étaient seuls autorisés à descendre des waggons pour faire le coup de feu du côté menacé. Le surplus devait rester dans les voitures et embusqué en arrière des revêtements organisés avec les havre-sacs ou les couvertures.

Ordre était donné aux combattants de se porter soit à gauche, soit à droite de la voie, en avant ou en arrière, d'y stationner ou de regagner en toute hâte leurs places dans les waggons, avec l'assistance de leurs camarades; le tout selon le signal spécial du chef de détachement.

Ces manœuvres très-simples eussent été néanmoins assez compliquées pour des conscrits placés en présence de l'ennemi pour la première fois si, en prévision d'une attaque, le lieutenant-colonel n'avait pris soin de les faire exécuter trois à quatre fois dans la journée, à l'arrivée du train dans les gares de passage ; et le rôle à remplir par chacun, suivant les circonstances, avait été suffisamment précisé.

Les gardes mobiles avaient compris, par ces exercices préparatoires, la pensée de leur chef et, en cas de nécessité, ils l'eussent mise à exécution avec intelligence, de nuit comme de jour.

Il ne pouvait s'agir, d'ailleurs, dans la pensée de l'organisateur de la défense, que de résister à un groupe d'éclaireurs ennemis, de les déconcerter par une attitude énergique, de les éloigner par une fusillade nourrie, et non pas de lutter avec des armées, ni avec une troupe de moindre importance, solidement constituée.

Placé en personne sur le tender de la locomotive, à côté du chef de train, le colonel sondait de ses regards tous les replis de terrain aux abords de la voie ferrée, étudiant l'état de celle-ci en avant du convoi et dressant l'oreille au moindre bruit, au fur et à mesure que la machine gagnait de l'espace.

Le train marchait lancé à grande vitesse, la principale préoccupation du chauffeur consistant toujours à gagner la station voisine, à laquelle on était à peu près assuré d'arriver, puisqu'on n'en quittait plus aucune sans prendre, par le télégraphe, des renseignements précis auprès de la suivante. Le premier détachement arriva à

Moret sur les dix heures du soir, avec la perspective d'entrer dans Paris six heures plus tard.

Mais le télégraphe, qui fonctionnait parfaitement au moment de l'entrée du train dans la gare, et qui signalait justement la présence des uhlans prussiens aux abords de Melun, cessa tout à coup de parler. Le fil électrique venait d'être coupé sur un point qu'il nous est encore impossible de déterminer aujourd'hui.

Par suite de cette situation pleine d'incertitude, le détachement se vit dans l'obligation de rebrousser chemin sur Montargis.

La seconde fraction du 3e bataillon, prévenue à temps, s'étant engagée sur la ligne de Corbeil et Juvisy, le premier détachement fut dirigé à la suite.

Ce crochet nous éloignait suffisamment de l'ennemi pour n'avoir plus rien à appréhender de lui, jusqu'à notre arrivée dans Paris, où la mobile de Montpellier se trouva concentrée tout entière à huit heures du matin, dans la gare d'Orléans.

Le 2e bataillon, *Lodève,* parti vingt-quatre heures après le 3e, put suivre la même voie sans obstacle. Quant au contingent de Béziers, mis en route le 14, il fit volte-face à hauteur de Corbeil, dut revenir en arrière jusqu'à Nevers pour se diriger, par Bourges et Vierzon, sur Orléans, atteindre ainsi Étampes, faire machine en arrière de nouveau, aller à Tours, au Mans, pour entrer enfin dans Paris par Chartres et Versailles, dans la journée du 18 septembre.

Il était temps pour les Bittérois d'en finir avec toutes les péripéties du voyage, puisque, quelques heures après leur arrivée à destination, Paris était complétement investi par l'armée prussienne, et les derniers trains n'y pénétrèrent qu'après avoir essuyé le feu des éclaireurs ennemis, dont les waggons portaient l'empreinte.

Les premiers détachements des mobiles de l'Hérault, qui, pendant cinq jours, n'avaient reçu aucune nouvelle des retardataires, s'imaginaient déjà que leurs camarades étaient tombés aux mains des Allemands. Les mêmes craintes se manifestèrent à leur sujet dans notre département, paraît-il, puisque, interprétant l'anxiété des familles, le préfet télégraphiait, le 18 septembre, au lieutenant-colonel dans les termes suivants :

« Les mobiles de l'Hérault, et notamment les derniers partis, sont-ils arrivés ?
» *Signé :* Lisbonne. »

Grâce à Dieu ! aucun accident ne leur était arrivé, autre que celui de quelques hommes laissés en route pour avoir par leur faute manqué le départ du train. Mentionnons cependant la mort d'un garde mobile tombé sur la voie, et tué, dit-on, par le passage d'une machine. Cet accident n'est même pas certain.

III

Premier séjour à Paris

du 14 septembre au 20 octobre

A leur arrivée dans Paris, les trois bataillons furent malheureusement éparpillés à de grandes distances les uns des autres, ce qui compliquait les détails de l'organisation et nuisait à l'unité du commandement.

L'on répartit le 1er bataillon dans Passy, le second aux abords du boulevard Malesherbes, le troisième dans le faubourg St-Germain.

Les deux premiers dépendaient de la 2e division d'infanterie de la garde mobile (*général de Liniers*), le dernier fut placé dans la 4e division (*général Corréard*).

La répartition des hommes logés chez l'habitant compromettait davantage encore l'homogénéité du régiment, alors surtout qu'il fallait avoir recours journellement à tous les quartiers de Paris pour alimenter nos magasins et munir les hommes du nécessaire, tant pour l'habillement que pour le reste.

Ce fut avec une vive satisfaction que les gardes mobiles procédèrent, dans les arsenaux de l'artillerie établis à l'École militaire, au versement des fusils du *modèle 1846 transformé*, qui leur avaient été délivrés en province, pour recevoir, en échange de cet armement, des *chassepots*, dans lesquels ils avaient la plus grande confiance avant même d'avoir eu l'occasion d'en faire usage.

Ils apportèrent un soin bien autrement important à l'entretien de ces armes qu'ils ne l'avaient fait à l'égard des premières reçues, et c'est avec une assiduité réelle qu'ils assistèrent, dès ce moment, aux écoles d'instruction, pendant les quelques heures que tous les autres détails de l'organisation laissaient disponibles.

A la même époque, la tenue du régiment prit une physionomie plus militaire, par la mise hors de service des blouses bleues, remplacées provisoirement par des vareuses en molleton, en attendant que la confection des capotes grises fût plus avancée dans les ateliers de l'État. L'harmonie du costume se compléta par les distributions des effets réglementaires d'équipement et de campement.

Ces heureuses transformations s'opérèrent rapidement, grâce à l'activité des officiers et sous-officiers de compagnie, qui rivalisaient de zèle pour que les hommes placés sous leurs ordres fussent servis dans les magasins centraux avant ceux des autres corps de troupe. Aussi la confiance des gardes mobiles dans les chefs qui leur avaient été donnés s'affermissait-elle depuis l'arrivée du régiment à Paris, lorsque par une fatale inspiration, encore inexpliquée, le Gouvernement de la défense nationale conféra aux soldats de la garde mobile le droit de nomination de leurs officiers par voie d'élection.

Cette mesure, prétendue politique, mais en réalité absurde, violation flagrante de la loi de 1868, suspendait l'effet des grades décernés par le ministre de la guerre

— 49 —

ou, à titre provisoire, par les généraux commandant les divisions territoriales.

Le régiment était arrivé à Paris, son cadre à peu près complet et ainsi constitué :

ÉTAT-MAJOR

Lieutenant-colonel : M. le baron de Montvaillant, faisant fonctions de général de brigade.
Officier d'ordonnance : M. le vicomte de Turenne.

1er Bataillon

État-major : *Chef de bataillon*, M. Belleville.
Médecin aide-major, M. Eustache.
— *sous-aide*, M. Forestier.

Comp.	Capitaines	Lieutenants	Sous-lieutenants
1re	MM. Guibal	Vte de Sarret	Mialhes
2e	Sèbe	De Cassagne	Bousquet
3e	De Chauliac	Andrieu (G.)	Cte de Nattes
4e	Cap de Combes	Castan	Alengry
5e	Maury	Jeannel	Lignon
6e	De Fonclare	Moustelon	Bergé
7e	Rouan	Mourgues	Lisbonne

2e Bataillon

État-major : *Chef de bataillon*, M. Vincens.
Médecin aide-major, M. Theil.

Comp.	Capitaines	Lieutenants	Sous-lieutenants
1re	MM. N... [1]	Vernazobres (Fr.)	Pierre
2e	Roux	Pouget	Vernières

[1] M Courrech du Pont, capitaine à la 1re compagnie du 2e bataillon, avait été nommé, par décret du 15 septembre, chef du 3e bataillon en remplacement de M. de Montvaillant, promu au grade de lieutenant-colonel.

Comp.	Capitaines	Lieutenants	Sous-lieutenants
3e	MM. Cte de Puységur	Got	Martel
4e	N...[1]	Vernazobres (G.)	De Massillan
5e	Delpont	Vernazobres (H.)	Ombras
6e	Bourrier	Pietri	Lavaisse
7e	Baduel	Poujol	Teisserenc

3e Bataillon

ÉTAT-MAJOR : *Chef de bataillon*, M. Courrech du Pont.
                Médecin aide-major, M. Hamelin, auquel fut bientôt adjoint M. Jaurés.
             — *sous-aides*, MM. Granier, Marignan.

Comp.	Capitaines	Lieutenants	Sous-lieutenants
1re	MM. Le Pelletier de Ravinières	Faulquier	Arnaud
2e	Mazeran	Chassan	Goreau de St-Morésy
3e	Vivarès	Mignot	Ginouvés
4e	Du Luc	Laignelot	Pagézy
5e	Chavès	Gay	Goriot
6e	Vte de St-Maurice	Cabrol	Coulet
7e	De Serres, marq. d'Alphonse	Guillard	Sigaudy (F.)

Les chefs de corps de la garde mobile protestèrent avec unanimité, auprès de l'autorité militaire, contre le système de la nomination des officiers par voie d'élection; mais il durent s'incliner devant la décision arrêtée, et surtout devant l'appel adressé à leurs sentiments de patriotisme par les généraux sous les ordres desquels ils étaient placés. La généralité de leurs protestations indi-

---

[1] M. Rouet, capitaine en permission au moment du départ, n'avait pas rallié à temps sa compagnie.

viduelles ne pouvait manquer, en effet, d'occasionner des embarras au Gouvernement.

Les opérations électorales eurent lieu le 19 septembre dans tous les corps de garde mobile de l'armée de Paris.

Les hommes du régiment firent preuve de sens, pour la plupart, en se rattachant à des chefs déjà connus ; quelques excellents officiers furent cependant éliminés de leurs fonctions par ce déplorable scrutin, dont les effets se sont fait sentir pendant toute la durée du siége de Paris [1].

Furent nommés ou promus aux grades indiqués ci-après :

2e Bataillon

Capitaines :

1re compagnie,	MM.	Bourrier, capitaine non élu de la 6e compagnie.
4e	—	Vernazobres (Gabriel), lieutenant à la compagnie.
6e	—	Piétri, lieutenant à la compagnie.

Lieutenants :

4e compagnie,	MM.	Rouquette, sergent à la compagnie.
6e	—	Lavaysse, sous-lieutenant à la compagnie.

Sous-lieutenants :

4e compagnie,	MM.	Boulouys, sergent à la compagnie.
6e	—	Lonjon, —
7e	—	Jourda. —

---

[1] Les officiers du 1er bataillon, s'étant faits solidaires les uns des autres, furent maintenus sans exception ; le mérite de cette détermination revient à M. le commandant Belleville.

3ᵉ Bataillon

Chef de bataillon :

M. Chavés, capitaine à la 5ᵉ compagnie.

Capitaines :

4ᵉ compagnie, MM. Laignelot, lieutenant à la compagnie.
5ᵉ   —   Gay, lieutenant à la compagnie.
6ᵉ   —   Coulet, sous-lieutenant à la compagnie.

Lieutenants :

4ᵉ compagnie, MM. Pagézy, sous-lieutenant à la compagnie.
5ᵉ   —   Goriot,   —
6ᵉ   —   Laurens, sergent à la compagnie.
7ᵉ   —   Sigaudy, sous-lieutenant à la compagnie.

Sous-lieutenants :

4ᵉ compagnie, MM. Jeanjean, adjudant au bataillon.
5ᵉ   —   Nadal, sergent à la compagnie.
6ᵉ   —   Raspay, sergent-major.
7ᵉ   —   De Turenne, sous-lieutenant hors cadre.

Nous n'évoquerons pas le souvenir des élections sans exprimer à de bons camarades, mis arbitrairement à l'écart au lendemain de services réels rendus par eux, combien il nous a été pénible de les voir ainsi méconnus.

Dès le 18 septembre, les bataillons avaient pris dans les divers secteurs le service de la garde aux remparts, service auquel les matamores de la garde nationale sédentaire donnaient une importance hors de proportion avec la réalité.

Protégés, en effet, par la ligne des forts, les défenseurs de Paris n'avaient rien à redouter à l'intérieur de l'enceinte.

Les seuls postes de quelque importance occupés par le régiment, pendant cette période du siége, furent, *extra muros*, ceux de la Muette et de l'usine établie à hauteur du pont de bateaux jeté sur la Seine, à Charenton, en arrière et près du Port-à-l'Anglais ; et encore cette appréciation est-elle bienveillante, surtout à l'égard du premier des deux.

Il se produisait néanmoins dans Paris de fréquentes alertes, prenant cause dans l'occupation par l'ennemi de toutes les hauteurs de la banlieue. Dans la prévision d'une attaque de la place, soit par surprise, soit de vive force, des ordres de concentration furent donnés aux troupes, justement motivés par l'état encore imparfait de résistance des forts et autres ouvrages extérieurs.

Le 3ᵉ bataillon de l'Hérault, réuni aux 1ᵉʳ, 2ᵉ et 3ᵉ bataillons de Seine-et-Oise (lieutenant-colonel *Rincheval*), devait se grouper en arrière de l'École militaire, sous le commandement du lieutenant-colonel de Montvaillant.

Des dispositions analogues, auxquelles se rattachait l'emploi des bataillons de Lodève et de Béziers, étaient prises dans les autres secteurs.

L'état moral de Paris variait d'ailleurs du tout au tout du jour au lendemain. Tantôt les assiégés manifestaient une confiance absolue dans le succès, et tantôt ils se considéraient comme voués à une perte certaine; et cela selon les bonnes ou mauvaises nouvelles, vraies ou fausses, venues du dehors, par une voie ou par une autre, ou selon les *canards* éclos et colportés au dedans de la cité.

Des doutes sur la délivrance étaient autorisés, surtout lorsque les soldats sur lesquels on comptait le mieux pour assurer le triomphe final de nos armes venaient à lâcher pied devant l'ennemi avant d'avoir combattu, et, en proie eux-mêmes à la démoralisation la plus profonde, à se répandre dans Paris, semant sur leur passage les bruits les plus absurdes et les plus calomnieux contre leurs chefs.

Tel était le triste spectacle qui s'était offert le 19 septembre à tous les regards, à la suite de l'affaire de Châtillon, où certains corps, pris d'une panique sans nom, avaient fui honteusement sans brûler une cartouche, et en accusant les généraux de les avoir trahis.

C'étaient, il est vrai, les fuyards de Forbach, Gravelotte et Sedan, et de toutes les batailles précédentes, qui, rentrés dans la capitale à la suite du magnifique corps de Vinoy, recommençaient leurs manœuvres de lâcheté contagieuse.

Les conscrits bretons, engagés dans la même journée, avaient prouvé, au contraire, par une attitude remarquable en recevant le baptême du feu, tout le parti que Paris pouvait tirer des mobiles de province, et ce bel exemple ne devait pas être perdu par leurs camarades des autres régiments.

Les quartiers occupés par nos bataillons furent légèrement modifiés au commencement d'octobre.

Le 2me bataillon (Lodève) alla s'installer dans les rues adjacentes au boulevard d'Eylau ; le 3e (Montpellier) fut cantonné dans les constructions inachevées du nouvel Hôtel-Dieu, tout auprès de la place de l'Hôtel-de-Ville, où les communards se livraient, dès le 8 octobre, à des manifestations contre le gouvernement établi. Ils posaient les jalons d'une entreprise audacieuse qui, repoussée d'abord avec dégoût par la garde nationale, aux cris : *A bas la Commune!* devait se reproduire, sans plus de succès, les 31 octobre et 22 janvier suivants, pour aboutir finalement à la fatale révolution du 18 mars 1871.

La garde mobile de l'Hérault, représentée par son 3e bataillon, se tint prête, plusieurs jours de suite, à combattre l'insurrection dans le cas où la réprobation publique n'eût pas suffi à la dissoudre.

Une certaine impatience d'engager ses forces se révélait dans les rangs du régiment, dont le personnel, électrisé par de beaux exemples, regrettait son inaction pendant les premiers combats, livrés presque sous ses yeux, alors que d'autres bataillons arrivés de province (mais organisés avant eux, il est vrai) avaient eu l'honneur d'être engagés. Cette impression se traduisit, le 13 octobre, jour du second combat de Châtillon, par un acte d'indiscipline, très-excusable d'ailleurs.

Quelques gardes mobiles de l'Hérault, commandés de service aux portes de Paris, du côté du sud, quittèrent le corps de garde, au bruit de la fusillade et de l'artillerie, qui faisait vacarme dans la direction de Bagneux et de Clamart, et s'avancèrent jusque sur le champ de bataille.

Arrivés sur le théâtre de l'action, on les vit se mêler aux troupes, prendre part au combat, après avoir trompé la vigilance de leurs officiers, qui ne les avaient autorisés à s'éloigner en armes que pour vaquer aux corvées usuelles du jardinage, tolérées au delà des murs.

Les imprudents furent punis, comme ils le méritaient, par le chef de corps, qui les approuvait toutefois du fond de l'âme de ne point s'efféminer dans Paris, ainsi qu'il arrivait à certains de leurs camarades de le faire.

A tous les points de vue, il était temps que le rôle du régiment se modifiât, lorsque, le 20 octobre, par ordre du gouverneur, les trois bataillons furent dirigés sur Rosny pour relever, dans leurs campements, les 1er, 2e et 3e bataillons des Côtes-du-Nord (lieutenant-colonel Chollet).

IV

Campement de Rosny et de Noisy-le-Sec

du 20 octobre au 19 novembre

En prenant possession du plateau de Rosny, le régiment cessa de dépendre des divisions constituées à l'intérieur de Paris.

Il était mis, pour un temps indéterminé, à la disposition du contre-amiral Saisset, commandant supérieur des forts de Romainville, Noisy et Rosny. Il en recevait les ordres par l'intermédiaire du commandant Mallet, capitaine de vaisseau, chargé spécialement de la défense de Rosny[1].

Nos bataillons étaient sortis de Paris avec satisfaction, les hommes ayant pris les Parisiens en grippe à cause de leurs insupportables fanfaronnades, bien peu justifiées jusqu'alors, vis-à-vis des mobiles venus des départements.

Si notre aspect n'était pas très-martial encore, ce défaut était racheté tout au moins par des sentiments patriotiques qui ne comportaient aucune des plaisanteries, d'un goût douteux, que certaines couches de la population ne ménageaient guère à notre amour-propre.

---

[1] M. le commandant Mallet a été nommé contre-amiral en récompense de sa belle défense du fort de Rosny, pendant les derniers temps du siége de Paris.

Le commandant Mallet nous affecta les cantonnements suivants : le 1ᵉʳ bataillon s'établit sous la tente, en avant de Tilmont, sur la droite de l'usine Sueur, en deçà de la tranchée creusée suivant la crête du plateau; le 2ᵉ bataillon, formant réserve, dressa son campement dans le parc du château de Montereau, voisin de l'usine, et le 3ᵉ bataillon s'installa dans l'affreux baraquement inachevé, élevé sur les glacis, entre le fort et la route stratégique.

Le régiment, développé face à l'ennemi, se reliait par sa droite à la redoute de Fontenay, en donnant la main à la brigade du lieutenant-colonel Reille (département du Tarn), et se raccordait, sur la gauche, aux troupes de ligne disséminées aux abords des redoutes de la Boissière et de la Renardière, échelonnées entre Rosny et Noisy.

Le chef de corps installa son quartier de commandement dans un corps de logis dépendant du château de Montereau, précédemment ruiné par les mains françaises pour dégager le champ de tir de la forteresse. L'opportunité de cette œuvre de destruction, opérée sous l'impression première produite par la nouvelle de la marche des Prussiens sur Paris, est demeurée toujours douteuse.

Sitôt arrivés sur ces emplacements, nos bataillons prirent le service de guerre en détachant chacun une compagnie de grand'garde.

Ces postes avancés, jetés à 800 mètres environ en contre-bas du plateau, fournissaient une ligne continue de sentinelles, le long du chemin de fer de la ligne de Mulhouse.

Elles se rattachaient, dans l'ordre naturel de bataille,

d'une part à celles de la brigade Reille, et, du côté opposé, à une compagnie d'infanterie de marine, baraquée en avant et au-dessous de la redoute de la Boissière.

Tandis que les 1er et 2e bataillons étaient en mesure d'observer la plaine jusqu'à Neuilly-sur-Marne, le 3e avait pour mission spéciale de garder le village de Rosny et de tenir en respect tout parti ennemi qui, descendant du plateau d'Avron, ou le contournant par ses flancs, se fût avisé de tenter une aventure dans la direction du fort.

Chaque bataillon fournissait encore une compagnie de réserve.

L'installation du régiment et des postes avancés s'opéra bien et facilement, par une splendide journée d'automne, et chacun apporta d'autant plus de zèle dans l'accomplissement de ses devoirs, que les reconnaissances françaises s'étaient déjà plusieurs fois rencontrées avec celles de l'ennemi à l'entrée de Neuilly, de Plaisance et de Villemomble, villages les plus proches de nous, tour à tour occupés par nos troupes et par les Allemands.

Nos sentinelles étaient d'ailleurs trop exposées, soit au tir de l'ennemi, soit à être enlevées, pour se ralentir dans leur vigilance.

Leur situation était particulièrement critique à hauteur du village de Rosny. Dispersées en arrière du déblai du chemin de fer, tout au bord de la voie, sans autre abri qu'une simple haie buissonneuse, elles étaient dominées par les pentes du plateau d'Avron et par des constructions en grand nombre, aisément accessibles aux Prussiens.

Pour assurer le repos des grand'gardes de ce côté, et subsidiairement celui du régiment, le chef de corps, investi du commandement supérieur du village, faisait fréquemment fouiller les maisons suspectes des environs. La compagnie des francs-tireurs des Lilas, cantonnée dans Rosny, nous prêta son concours et entreprit, de concert avec nous, au delà de nos avancées, de nombreuses et hardies expéditions, dans lesquelles le mal éprouvé par elle fut incomparablement moindre que celui qu'elle occasionna à l'ennemi.

Elle protégeait nos approches, nous assurions sa retraite.

Dès le lendemain de l'arrivée du régiment à Rosny, le temps changea brusquement et devint abominable. Pendant huit jours consécutifs, la pluie tomba par torrents, au grand désespoir des gardes mobiles, qui, pour leur apprentissage de la vie de campagne, n'avaient d'autres abris que leurs petites tentes de toile de très-mauvaise qualité, à travers lesquelles l'eau suintait librement. Le service des grand'gardes fut particulièrement rude, puisque les postes étaient établis à découvert, avec interdiction d'allumer des feux visibles à l'ennemi, et qui l'eussent renseigné sur nos positions.

Des hommes cherchèrent refuge dans les maisons les plus voisines du fort et du village de Montreuil; mais, pour éviter une débandade générale du régiment, dont les effets pouvaient devenir funestes, les officiers de compagnie reçurent ordre de les débusquer de leurs cachettes et de les conduire au camp.

Malgré la rigueur de la saison, on profitait cependant des moindres éclaircies pour secouer les gardes mobiles de la torpeur à laquelle les astreignait pareil genre de vie.

Mieux valait pour eux, en effet, risquer d'être trempés

davantage en sortant de ces maudits *bonnets de police,* où les hommes passaient leur journée, accroupis et entassés les uns sur les autres, que de les y abandonner au désœuvrement le plus complet.

Il fallait, en outre, assurer malgré tout les progrès de notre instruction militaire, dont l'insuffisance se faisait parfois sentir.

Des cibles furent mises à la disposition du corps par ordre de l'amiral, qui détermina pour champ de tir le quadrilatère limité par le chemin de fer de Strasbourg, le village de Bondy, le canal de l'Ourcq et les bois du parc de Raincy.

Le choix de cet emplacement se prêtait à la fois à la pratique des écoles à feu et à celle des reconnaissances militaires.

Trois demi-bataillons en armes, et porteurs de quelques paquets de cartouches, quittèrent sans sacs leurs campements, le 25 octobre, pour aller s'établir sur ce terrain, et l'amiral Saisset, qui s'y rendit de son côté, présida en personne à l'installation des cibles et aux manœuvres exécutées en vue d'explorer les abords de ces parages, infestés d'Allemands.

Grâce aux précautions adoptées au régiment, aucun accident ne survint.

Les avant-postes ennemis, ignorant le but et la portée de ces démonstrations, se tinrent, de leur côté, dans une attitude d'expectative ; néanmoins, l'amiral fut très-satisfait de l'entrain des gardes mobiles de l'Hérault, et il chargea le chef de corps de les en complimenter.

Les froids étant survenus très-vifs bientôt après, et la santé des hommes menaçant d'être sérieusement compromise par le mode défectueux de leurs campements, le chef de corps crut devoir insister auprès de l'amiral pour qu'il fût procédé sans retard à une meilleure installation du régiment, soit par les soins du génie, soit par la simple autorisation d'occuper le village de Rosny et la fabrique Sueur.

Fatigué, sans doute, de ces sollicitations légitimes, l'amiral répondit à cette demande dans les termes suivants, intéressants à connaître, puisqu'ils dépeignent assez exactement le caractère de ce vaillant marin, que la guerre avec l'étranger et les événements politiques plus récents ont mis doublement en évidence :

« Fort de Noisy, le 26 octobre 1870.

» Mon cher Colonel,

» Les circonstances si graves que nous traversons
» imposent de rudes devoirs à chacun de nous. Les do-
» léances dont vous me faites part ont été celles des
» bataillons de la gauche qui, placés au contre-bas de
» Romainville, dans un terrain de platrière, souffraient
» sous la tente par les temps de pluie.

» Vous souffrez également, surtout du manque de
» paille et de la mauvaise qualité des toiles de tente : je
» le reconnais pour vous comme je l'ai reconnu pour
» eux ; je vous ferai la même réponse :

» *Refoulez l'ennemi! reprenez-lui nos villages!*

» Faites au moyen de cheminements ce que nos marins
» ont fait avec leurs canons. Marchez par des tranchées
» vers les villages, en vous gardant toujours bien, en
» avançant avec prudence, et bientôt, de même qu'à gau-
» che nos mobiles sont aujourd'hui très-bien installés à
» Bobigny et même dans le Drancy, vous, à droite, vous

» réussirez à habiter Villemomble et Avron. Là, en cré-
» nelant les murs des jardins, barricadant les rues, vos
» mobiles pourront avec sécurité habiter les maisons de
» ces villages, y trouver d'amples provisions et tous les
» dédommagements désirables.

» L'ennemi, dont j'ai reconnu hier les positions, pa-
» raît avoir évacué Villemomble et Avron. Profitez-en.

» Recevez, etc.

> » *Le contre-amiral, commandant supérieur*
> » *des forts de l'Est et des troupes placées*
> » *devant eux,*
> » SAISSET. »

Ce langage de l'amiral prouve le degré de confiance que lui inspirait déjà la garde mobile de l'Hérault, et l'autorisation de marcher en avant ne pouvait qu'être accueillie avec enthousiasme par le régiment.

Si la perspective d'une installation confortable était de nature à raffermir le moral des hommes, leur désir de n'avoir à attribuer ce bien-être exceptionnel qu'à eux-mêmes assurait, en quelque sorte, le succès de l'entreprise autorisée.

Le colonel se préoccupa sans retard des dispositions à prendre pour garantir la réussite de cette petite expédition. Quoique connaissant le terrain par l'étude des cartes, par l'exploration fréquente des postes avancés, et surtout par de longues heures d'observation passées auprès de l'officier de quart placé en vigie sur la plate-forme du fort de Rosny, il jugea prudent d'opérer, au préalable, une reconnaissance détaillée d'Avron, de Villemomble et de l'accès de ces villages.

Tous les officiers supérieurs du régiment furent convoqués à cet effet pour le lendemain, afin que le mouvement général des bataillons pût être exécuté vingt-quatre heures après. Un détachement peu nombreux, mais composé d'hommes choisis avec discernement dans les compagnies, devait participer à l'opération, éclairer la marche et faciliter la retraite en cas de mécompte.

Les ordres étaient à peine donnés dans ce sens, que le commandant Mallet eut à transmettre la dépêche suivante au chef des corps :

« Conformément aux ordres du gouverneur de Paris,
» qui me sont transmis aujourd'hui, 26 octobre, à 4 heu-
» res du soir :

» Nulle personne, même avec permis, ne devra plus
» franchir le parcours du chemin de fer de Strasbourg,
» — ni la tranchée qui, partant de la voie ferrée, coupe la
» route de Villemomble pour aboutir à la ligne de Mul-
» house. — *Ordre formel.*

» Les postes placés le long de la voie ferrée feront ob-
» server la présente consigne. — On fera feu sur toute
» personne circulant au delà de nos lignes.

» Les travaux du génie, commencés pour relier le parc
» Marchand au plateau d'Avron et à la ligne de Mul-
» house, seront suspendus.

» Les éclaireurs de la Seine, les francs-tireurs des Li-
» las, ceux de la Seine et tous les autres irréguliers, éva-
» cueront complétement Villemomble, et se replieront
» sur Rosny.

» Signé : *Contre-amiral* Saisset. »

Nous avons su plus tard que ces résolutions, si contrariantes pour le régiment, étaient occasionnées par la concentration des colonnes prussiennes au Raincy et par le projet d'attaque du gouverneur de Paris contre le Bourget, dont il comptait s'emparer le surlendemain, 28 octobre. Cette idée arrêtée, il importait au général en chef de n'avoir pas de préoccupation sur d'autres points ; il tenait surtout à ce que les Allemands n'eussent pas soupçon de son projet par leurs espions ordinaires.

Il entendait, d'ailleurs, que les troupes de Rosny ne s'éloignassent pas du théâtre de la prochaine lutte, afin de pouvoir en disposer dans certains cas prévus. Le 28 octobre, tandis que le canon tonnait au Bourget, toutes les troupes dépendant du commandement de l'amiral Saisset formaient réserve. — Celles qui étaient établies à Bobigny prirent part au combat ; les bataillons de l'Hérault furent portés jusqu'à Bondy, le lendemain 29, alors que l'ennemi, après avoir repris l'offensive, délogeait nos troupes de la position enlevée la veille.

Le régiment passa cette journée en observation et en travail pour creuser des tranchées nouvelles, destinées à couvrir Bondy et les abords des deux lignes de chemin de fer. Malgré la proximité d'une batterie de position prussienne, établie en arrière du canal de l'Ourcq, tout auprès de la voirie, et qui menaçait à tout instant d'ouvrir son feu, le travail fut conduit à bonne fin.

Les deux nuits des 28 et 29 furent particulièrement fatigantes pour nos compagnies de grand'garde, car des mouvements de troupes, effectués en reconnaissance en avant de nos lignes, les obligèrent à redoubler d'attention.

Aucune méprise fâcheuse n'eut lieu cependant, malgré l'impressionnabilité dont les gardes mobiles de l'Hérault étaient encore atteints ; car, s'il leur arrivait d'échanger parfois avec un ennemi réel des coups de fusil au milieu de l'obscurité, il leur arrivait, plus d'une fois aussi, de brûler bien des cartouches contre un ennemi imaginaire.

L'affaire du Bourget, très-meurtrière comme on sait, fut suivie d'un armistice qui eût permis à nos hommes de se reposer des alertes et fatigues précédentes, si la surexcitation engendrée dans Paris par un grave échec de nos armes, coïncidant avec la fatale nouvelle de la reddition de Metz, n'eût favorisé l'insurrection du 31 octobre. L'Hôtel de ville envahi par les insurgés et l'arrestation de certains des membres du Gouvernement assurèrent pendant quelques heures le triomphe du parti de la Commune.

La garde mobile de l'Hérault, consignée dans ses cantonnements, se tint à la disposition du Gouvernement légal, et prête à faire énergiquement son devoir contre les émeutiers; car elle était sensible à la honte que déversaient sur le pays de pareilles manifestations, tentées sous les yeux de l'étranger. Notre éloignement du théâtre des événements politiques nous dispensa d'intervenir. Les mobiles bretons et ceux du Loiret, présents dans Paris, furent seuls employés pour maintenir l'ordre et réinstaller le Gouvernement du 4 septembre à l'Hôtel de ville.

Le mouvement insurrectionnel du 31 octobre, dont le mot d'ordre, approprié aux impressions de la population parisienne, avait été dans le moment : *Guerre à outrance! Pas d'armistice!* ne pouvait d'aucune manière, du reste, aboutir à une révolution durable, et cela précisément à cause de l'excellente attitude des gardes mobiles venus de la province. Quelque disposés qu'ils fussent, en effet, à payer de leur personne et à faire au pays les sacrifices compatibles avec l'intérêt de la France, ils comprenaient en même temps quel acte de folie le pays eût commis en prolongeant la lutte sans avoir en perspective quelques chances de réussite. Ils entendaient donc que le Gouvernement de la défense nationale conservât sa pleine liberté d'action pour étudier la question de paix ou de guerre, conclure un armistice, si telle était l'impérieuse nécessité des circonstances; et ils se refusaient hautement à reconnaître jamais l'autorité d'une *Commune* s'arrogeant despotiquement le droit de disposer de leurs personnes et des destinées de la nation entière.

Systématiquement donc, cette garde mobile provinciale était sympathique au Gouvernement, hostile aux gens de la Commune.

Ses chefs agirent en conséquence.

S'inspirant des sentiments exprimés par les troupes placées sous leurs ordres, autant que de leur propre devoir, ils avaient adopté d'un commun accord, dès la première nouvelle de l'attentat du 31 octobre, la résolution de se masser autour du plus énergique des généraux de l'armée, pour réprimer l'insurrection et l'empêcher de se reproduire.

Or quel pouvait être le sort de la Commune, alors que quatre-vingt mille hommes d'une solide trempe, unis étroitement dans l'action comme par la pensée, auraient agi avec ensemble pour mettre quelques audacieux à la raison.

L'intervention collective de la garde mobile départementale ne fut pas nécessaire. Peut-être est-ce un malheur, puisque les événements déplorables survenus depuis cette époque eussent été par cela même conjurés, si la solennelle manifestation dont il s'agit s'était produite à ce moment.

La population parisienne, revenue de sa première surprise, s'était chargée de faire elle-même justice des Flourens, Blanqui, Félix Pyat et consorts, en les dépouillant du pouvoir usurpé, d'un usage désastreux entre leurs mains.

Trois jours après ces agitations, le Gouvernement de la défense nationale faisait appel au vote libre de tous les citoyens enfermés dans Paris, pour savoir s'il avait conservé ou non la confiance de la population. La garde mobile de l'Hérault exprima ses sentiments par une éloquente adhésion à sa politique.

Nous reproduisons les résultats de ce scrutin. La question posée aux électeurs était la suivante : Maintiennent-ils, *oui* ou *non,* leur confiance au Gouvernement de la defense nationale ?

Le régiment répondit à la demande par les chiffres indiqués ci-après :

	Nombre des inscrits	Nombre des votants	Oui	Non	Bulletins nuls
Etat-major : lieut.-colonel	1	1	1	»	»
1er bataillon	1039	918	866	23	29
2e —	1113	1038	1024	4	16
3e —	1224	1112	1093	6	13
Totaux.	3377	3069	2984	33	58

Étaient compris au nombre des inscrits : les hommes appartenant au petit dépôt, ceux aux hôpitaux, et tous autres absents pour une cause quelconque, et dont le chiffre s'élevait à trois cents environ, que les circonstances empêchèrent de s'associer au régiment pour exprimer leur opinion.

Ajoutons que, parmi ceux dont le vote fut négatif, il faudrait en compter un certain nombre qui désiraient la continuation de la lutte, sans être cependant contraires au Gouvernement établi.

Le colonel fut heureux de transmettre à l'amiral commandant en chef toute la zone de l'Est les résultats du scrutin, et il reçut, à ce sujet, la lettre suivante, trop flatteuse pour le régiment entier, pour que nous nous dispensions de la reproduire :

Division des Marins détachés à Paris

« Saint-Denis, le 4 novembre 1870.

» Monsieur le Colonel,

« Le contre-amiral Saisset m'a transmis, avec les résultats du vote de votre régiment, la lettre que vous lui avez adressée, et par laquelle, protestant énergiquement contre les menées révolutionnaires, vous exprimez, au nom des troupes placées sous vos ordres, votre ferme adhésion au maintien de l'ordre public.

« Je suis heureux, Monsieur le Colonel, d'avoir à vous féliciter d'une démarche aussi patriotique et spontanée, qui témoigne hautement de l'excellent esprit des bataillons de la garde mobile de l'Hérault et du digne chef qui les commande.

» Recevez, Monsieur le Colonel, l'assurance des sentiments les plus distingués de votre tout dévoué serviteur.

» *Le vice-amiral,*
» De la Roncière le Noury. »

A la suite de cette lettre de l'amiral commandant en chef, on lisait encore quelques lignes écrites de la main du commandant supérieur des forts de l'Est.

« Noisy, 4 novembre 1870.

» Transmis par ordre du vice-amiral, membre du co-
» mité de la défense nationale, et, après lecture, à M. le
» chef de corps des mobiles de l'Hérault, avec toutes mes
» félicitations de cœur, pour lui et pour tous les siens,
» au sujet de leur attitude patriotique.
» Vive la France !

» *Le contre-amiral,*
» *commandant supérieur des forts de l'Est,*
» SAISSET. »

L'armistice conclu à la suite du combat du 30 octobre étant expiré le 1ᵉʳ novembre, à cinq heures du soir, une dépêche télégraphique du Gouverneur prescrivit de reprendre les positions militaires, et de redoubler d'activité comme de surveillance sur tous les points de nos avant-postes.

Ces précautions étaient d'autant plus indispensables, qu'un affaissement moral énorme s'était produit dans l'armée, à la suite des mauvaises nouvelles reçues de nos places de l'Est et de nos revers successifs sous les murs de Paris, où les faits d'armes les plus honorables aboutissaient, en définitive, à des retraites en bon ordre, malgré les atténuations apportées par les bulletins officiels à la réalité de nos échecs.

La discipline était violemment ébranlée dans tous les corps de troupe, et il nous suffira de quelques exemples pour prouver combien le rôle de ceux qui présidaient à la défense était pénible, lorsque la démoralisation se généralisait dans de telles proportions.

Un officier supérieur du régiment, étant un soir de ronde aux avant-postes de Rosny, entendit, en cheminant à travers ce village, grand bruit dans certains bâtiments occupés par l'une de nos compagnies. Lorsque, après avoir forcé le volet de l'une des fenêtres du rez-de-chaussée, il eut pénétré dans la maison, il se trouva en présence d'hommes qui buvaient et chantaient aussi tranquillement qu'ils l'eussent fait dans leurs propres foyers.

Plus préoccupé de renforcer la grand'garde placée au croisement du chemin de fer de Mulhouse et de la route de Villemomble que d'infliger une juste punition à de tels étourdis, il invita cette compagnie à mettre sac au dos, séance tenante, et à se rendre sur la place de l'église, pour y attendre de nouveaux ordres.

Les coupables obéirent sans murmurer, malgré les désagréments d'une pluie torrentielle, qui les trempait jusqu'aux os, chacun sentant que le châtiment n'excédait pas la faute.

Lorsque, conduisant en personne ces hommes, auxquels il avait adjoint une compagnie de renfort, l'officier de ronde arriva au point où une attaque de nuit était appréhendée, il se trouva en présence d'une immense fournaise, mal dissimulée par le talus du chemin de fer, et autour de laquelle était assemblée la grand'garde d'un corps de troupes voisin. Là, non plus, personne ne paraissait se préoccuper des facilités que ce vaste foyer, projetant ses reflets au loin, fournissait à l'ennemi pour tenter une surprise. Transis de froid, les factionnaires placés en avant du poste avaient, de leur côté, commis l'imprudence de se replier et de se mêler à leurs camarades.

Le lieutenant chef de poste, qui avait deux ou trois points à surveiller, fut aussitôt mandé ; mais le sergent envoyé auprès de lui s'en revint, après avoir pataugé pendant une demi-heure et plus dans les boues de la plaine, déclarer que cet officier dormait si profondément dans son campement, qu'il n'avait jamais pu le réveiller.

L'officier supérieur auquel arriva cette aventure employa les moyens convenables pour faire cesser cet état de léthargie, et prit soin de remettre les choses en bon ordre, comme on le pense bien. Le commandement de la position fut confié à un capitaine du régiment, sans services militaires antérieurs, mais intelligent et dévoué, de préférence à l'officier d'un régiment de ligne qui s'acquittait si mal de son devoir.

Si nous citons ce fait, c'est pour prouver quelle était, dans le moment, l'indifférence des troupes, et parfois même celle de certains chefs, qui, séparés de l'ennemi par une simple voie de chemin de fer, compromettaient si légèrement leur vie et leur honneur, la sécurité des hommes.

Une autre fois, pendant l'une des reconnaissances opérées par les bataillons de l'Hérault, du côté de Bondy, plusieurs de nos officiers firent la remarque que des soldats des régiments de marche, de garde aux dernières tranchées, avaient tenu les propos suivants à nos mobiles défilant devant eux : *Vous savez! il faudra mettre la crosse en l'air quand on nous conduira au feu!*

Tel était l'affaissement de certaines troupes, et la démoralisation gagnait des unes aux autres.

On comprend que de pareils symptômes étaient de bien mauvais augure pour l'avenir, et combien il pouvait répugner au général en chef, renseigné certainement à ce sujet, de tenter une entreprise considérable, malgré toutes les excitations de l'opinion publique dans Paris.

L'artillerie manquait d'ailleurs encore ! Mais, tandis que l'on gagnait du temps pour forger des canons, les vivres diminuaient, quoiqu'on prît soin de réduire de jour en jour la ration du soldat.

La garde mobile de l'Hérault n'eut cependant pas à endurer de fortes privations sous le rapport de son alimentation, pendant la durée de son séjour à Rosny. Les champs qui avoisinaient nos cantonnements étaient largement pourvus de jardinage, et les corvées d'ordinaire, escortées de détachements armés, qui allaient fouiller, tantôt la plaine et tantôt les pentes du plateau d'Avron, rapportaient chaque jour d'amples provisions pour remplir les marmites des compagnies.

Les conditions matérielles de la vie des hommes étaient donc satisfaisantes encore, tant sous le rapport du régime que de l'installation et de leur sécurité, vers le commencement de novembre, c'est-à-dire avant l'apparition des premières neiges d'automne.

A force de sollicitations, l'usine Sueur avait été affectée au logement du 1er bataillon ; quelques compagnies du 2e bataillon (Lodève) s'étaient casées tant bien que mal dans le baraquement voisin du fort, et les autres avaient suivi le 3e bataillon, descendu dans le village de Rosny, dont les maisons furent occupées par nos soldats.

La nécessité de pourvoir à la défense de cette localité,

menacée par le plateau d'Avron (que l'on parlait toujours de fortifier, mais que l'on ne fortifiait jamais), avait déterminé l'amiral Saisset à consentir à ce changement dans l'emplacement des troupes.

Les dispositions prises pour assurer leur sécurité s'amélioraient également de jour en jour.

L'autorisation de créneler les murs extérieurs du village de Rosny, maintes fois refusée, fut enfin obtenue. Cette latitude permettait de reculer nos sentinelles en arrière de ces abris maçonnés, et de les soustraire ainsi à la nécessité, jusqu'alors subie, de rester à découvert dans l'étroit passage compris entre les murailles du village et le déblai de la ligne du chemin de fer.

Deux compagnies du régiment prirent position au delà de la voie ferrée, tout auprès des grandes carrières de Rosny, très-appropriées à la défense. Les corps francs de la Seine, détachés à Rosny, continuèrent à surveiller les abords de nos cantonnements, rôle beaucoup plus utile que celui auquel certains d'entre eux étaient accoutumés; c'est-à-dire à battre la campagne, sans autre but que d'explorer l'intérieur des habitations désertes et de les dévaliser.

Ces dernières mesures étaient à peine en vigueur, qu'un remaniement général dans le service et dans les emplacements de nos bataillons devint indispensable, par suite de combinaisons nouvelles, arrêtées en haut lieu, dans la marche des opérations militaires, à la suite des infructueuses démarches de Jules Favre et de Thiers, tentées auprès du chancelier fédéral ou des puissances européennes, pour déterminer les bases d'un armistice acceptable par l'armée de Paris.

Sitôt la rupture des négociations accomplie, une très-vive alerte eut lieu sur toutes nos lignes avancées de l'Est, dans la nuit du 8 au 9 novembre. Au signal de trois coups de canon, tirés à poudre par le fort de Rosny, toutes les troupes furent immédiatement sur pied.

Au milieu d'une obscurité profonde, et après avoir donné ses ordres aux chefs des 1er et 2e bataillons, rangés en position de combat sur le plateau, le chef de corps inspecta successivement les dix ou onze compagnies cantonnées dans Rosny, fit à chacune d'elles les recommandations nécessaires pour la défense et la retraite. Il eut la satisfaction de constater que les rangs étaient au complet, et que le rassemblement des compagnies s'était effectué avec un ordre et un silence parfaits.

L'ennemi pouvait se présenter ! Il eût trouvé à qui parler.

Partie de la nuit se passa en investigations autour du village ; puis, sur l'ordre reçu du commandant du fort, les compagnies furent autorisées à regagner leurs gîtes.

Les trois coups de canon avaient sans doute produit autant d'effet en dehors de nos lignes qu'en deçà. — L'éveil donné, l'ennemi s'abstint de toute démonstration hostile.

Plutôt que de condamner le pays à de trop grandes humiliations, et contraint à continuer la guerre, le Gouverneur avait reconstitué l'armée sur de nouvelles bases.

Il forma trois armées : la 1re, comprenant toute la garde nationale de Paris, et dont le rôle resta toujours indéterminé, était placée sous les ordres de l'infortuné général Clément Thomas ; la 2e recevait pour chef le général Ducrot, et la 3e le général Vinoy.

Cette organisation et la création des emplois d'adjudant-major et d'officier payeur occasionnèrent quelques nominations dans le régiment.

Le lieutenant-colonel fut promu au grade de colonel, le commandant du 1er bataillon à celui de lieutenant-colonel : l'un pour commander en premier un groupe de gardes mobiles, composé des trois bataillons de l'Hérault et du 4e bataillon des Côtes-du-Nord, l'autre pour commander en second les mêmes troupes.

Ce groupe dépendait de la 1re brigade (colonel *Filhol de Camas*) de la 3e division (général *de Liniers*) de la 3e armée (général *Vinoy*).

Il n'a, du reste, jamais été constitué régulièrement.

MM. les lieutenants de Sarret de Coussergues, Vernazobres (Henri) et Chassan, furent nommés adjudants-majors, et remplacés à l'élection dans leurs compagnies.

Les vacances furent comblées ainsi qu'il suit :

1re comp. du 1er bat., par M. Mialhes, sous-lieutenant ;
5e   —   du 2e — par M. Roché, sergent ;
2e   —   du 3e — par M. Leenhardt, sergent-major.

Le capitaine de Riols de Fonclare étant devenu chef du 1er bataillon, le 15 novembre, en remplacement de M. Belleville, sa nomination entraîna dans sa compagnie (6e du 1er) un mouvement général d'avancement en faveur de MM. Moustelon et Bergé, promus, l'un capitaine, l'autre lieutenant. Le dernier fut, à son tour, remplacé, comme sous-lieutenant, par M. Boujol, sergent à la même compagnie.

M. Bartro, sergent, succéda à M. Mialles, comme sous-lieutenant de la 1re compagnie.

MM. Bergé, Lavaisse et Guillard (ce dernier comptant à la suite depuis le 19 septembre), ayant été désignés d'autre part, par un décret du Gouverneur, pour remplir les fonctions d'officier payeur, M. Lonjon, sous-lieutenant à la 3e compagnie du 2e bataillon, fut élu lieutenant à la même compagnie, en remplacement de M. Lavaisse.

Telles furent les dernières nominations faites à l'élection dans le régiment, le colonel s'étant refusé, par la suite, à en autoriser d'autres, en présence des causes de discorde et des manœuvres dont elles étaient l'objet pour capter les suffrages des gardes mobiles, dont le vote passionné négligeait trop souvent de rendre justice au mérite réel.

Le Gouvernement ne demandait plus, d'ailleurs, que d'avoir la main un peu forcée pour renoncer à ce mode d'avancement des officiers.

Sur ces entrefaites, de nouveaux changements furent introduits dans l'assiette du logement des troupes.

L'infanterie de marine, cantonnée à gauche de Rosny, et les bataillons d'infanterie de ligne, plus éloignés encore du même côté, ayant reçu d'autres destinations, il fallut combler les espaces vides en disséminant davantage les mobiles de l'Hérault.

Conformément aux ordres de l'amiral Saisset, le 2e bataillon fut dirigé, partie sur Noisy-le-Sec, partie sur le hameau de Merlan et la ferme Londeau, situés à mille et quinze cents mètres de Noisy, entre ce dernier village et celui de Rosny. Le commandant Vincens reçut pour mission de protéger la voie ferrée de Mulhouse, entre la station établie au point de raccord des deux lignes et le point correspondant à Londeau sur la seconde ; il gardait encore la ligne de Strasbourg, entre la station et le cimetière de Bondy, en arrière de la tranchée qui les relie.

Cet énorme espace à défendre n'exigeait pas moins de deux compagnies et demie de garde par jour. — Le 3ᵉ bataillon (commandant Chavés) joignit à son service antérieur l'occupation des cantonnements de l'infanterie de marine dans la direction de Londeau. Ses avant-postes n'étaient ainsi séparés des avant-postes nouveaux du bataillon de Lodève que par ceux des deux compagnies d'infanterie de ligne détachées de la redoute de la Boissière. Le 1ᵉʳ bataillon enfin (commandant de Fonclare) restait seul pour défendre la position gardée précédemment de moitié avec le 2ᵉ bataillon, sur le chemin de fer entre Rosny et Nogent.

Chacune des fractions du corps assumait la surveillance et la responsabilité d'une zone de deux kilomètres d'étendue !

Enfin, en cas de demande de renforts à Bondy, point occupé depuis quelque temps par une compagnie de francs-tireurs, toutes les réserves dont pouvait disposer le 2ᵉ bataillon devaient marcher sous la conduite de M. le commandant Vincens.

Cette époque fut incontestablement celle où la garde mobile de l'Hérault souffrit le plus des fatigues de la vie de campagne. Les compagnies n'avaient qu'un jour de repos sur deux, les nuits étaient longues, le froid déjà intense, conditions très-pénibles pour tous ceux qui ont à monter d'interminables factions, immobiles dans la boue, les yeux et les oreilles sans cesse au guet.

Les officiers de tout grade du régiment, préoccupés de la santé des hommes, tinrent conseil plus d'une fois pour aviser aux moyens les plus efficaces pour adoucir la situation des gardes mobiles et les préserver des maladies dont chacun d'eux s'attendait à contracter le germe.

Il fut question de les pourvoir de sabots, mais l'idée de cette allocation fut bientôt écartée, à cause de l'inattention des hommes à soigner leurs effets, et surtout en prévision d'un déplacement éventuel ; beaucoup d'hommes auraient jeté leurs sabots plutôt que de se charger de leur transport.

Un appel fut adressé à la bienvaillance de la Société de secours aux combattants de l'Hérault, qui venait de se constituer dans Paris, pour lui demander des vêtements chauds, qu'avec bienveillance elle accorda plus tard. C'est précisément l'époque où, dans un des bulletins périodiques que le chef de corps envoyait au département, il suppliait le conseil général, ceux d'arrondissement ou municipaux, d'autoriser la dépense de gants, de bas de laine et d'autres menus objets, devenus indispensables pour nos jeunes gens, par suite de la rigueur de l'hiver.—Le blocus de Paris ne permit malheureusement pas de recevoir la réponse favorable ; mais nous savons avec quel empressement nos concitoyens nous seraient venus en aide, si les circonstances l'avaient permis.

Malgré les ennuis de la situation et les fatigues incessantes, la vigilance restait indispensable à toute heure. Les escarmouches, précurseurs d'opérations plus importantes, se renouvelaient tout autour de l'enceinte, et particulièrement vers le sud-est, en se rapprochant de nos positions. Il était d'autant plus utile aux postes avancés de se tenir sur leurs gardes, que chacun était certain des intelligences de l'ennemi avec d'adroits et nombreux émissaires, qui l'informaient des mouvements de nos corps d'armée à l'intérieur de l'enceinte, et de la composition de nos grand'gardes.

L'amiral télégraphiait à ce sujet, le 9 novembre, la dépêche suivante au commandant Mallet, pour la communiquer au régiment :

« Ordre formel d'empêcher les maraudeurs de fran-
» chir nos lignes, et d'avoir des intelligences avec l'en-
» nemi. Faire feu sur eux, s'ils ne tiennent pas compte
» des avertissements donnés.

» Redoublez de surveillance. Les Prussiens augmen-
» tent leurs forces de vos côtés. On peut croire à une
» attaque ou à une tentative de surprise.

» *Le contre-amiral,*
» SAISSET. »

Quelques jours après cet avertissement donné, les menaces d'un coup de main s'accentuèrent plus spécialement contre les positions de Bobigny et de Bondy, et des instructions spéciales furent transmises au colonel pour assurer à tout prix la conservation de ces points.

Les lignes de Strasbourg et de Mulhouse devaient être défendues à outrance par une fraction du 138ᵉ de ligne, les éclaireurs de la Seine et la mobile de l'Hérault.

L'invitation de redoubler de vigilance, journellement réitérée aux troupes, avait pour conséquence de les maintenir sous les armes jour et nuit et presque sans repos, prêts à marcher pour secourir les côtés assaillis.

Un tel surcroît de fatigues, accumulées avec celle du service ordinaire, déjà très-pénible, ne pouvait pourtant se maintenir indéfiniment. L'amiral, dont l'attention fut appelée sur ce sujet, réduisit l'étendue du terrain à surveiller à droite par le 1er bataillon, et au centre de nos lignes, entre les contingents de Lodève et de Montpellier, en intercalant quelques grand'gardes nouvelles, desservies par des troupes dépendant d'autres corps.

Cette amélioration obtenue dans le service, le régiment, moins entravé dans ses allures, opéra de fréquentes reconnaissances militaires dans maintes directions ; mais le plus souvent elles étaient conduites sur les flancs et au delà de Bondy, points suspects par excellence.

De fortes lignes de tirailleurs couvraient nos colonnes, lorsqu'elles se réunissaient dans la plaine pour manœuvrer et engager l'ennemi à se montrer ; chaque fois elles échangeaient des coups de feu avec un adversaire trop bien couvert par les bois, malheureusement, pour souffrir sensiblement de notre tir.

Dans la dernière de ces petites sorties, le 14 novembre, quelques-uns de nos jeunes gens, entraînés par un élan naturel, et surexcités peut-être par la récente nouvelle de la prise d'Orléans par d'Aurelles de Paladines, s'aventurèrent trop avant, et faillirent être victimes de leur audace.

A titre de souvenir se rapportant au séjour du régiment dans ces parages, nous devons mentionner la messe en plein air qui fut célébrée dans la plaine, le dimanche 13 novembre, par M. l'abbé Scala, aumônier du 1er bataillon, en présence de toutes les compagnies assemblées.

Cette cérémonie eut lieu entre Rosny et le Merlan, sous les yeux des avant-postes prussiens, qui n'entreprirent rien, d'ailleurs, pour la troubler. Elle fut suivie d'une manœuvre longue et assez correctement exécutée pour prouver qu'il eût été imprudent de l'interrompre par une attaque [1].

Le 16 novembre, le général de Liniers portait à la connaissance du régiment que, conformément aux ordres du gouverneur de Paris, les bataillons de l'Hérault allaient être remplacés dans leurs cantonnements par les 6e, 7e, 8e bataillons de la garde mobile de la Seine, et que le mouvement à effectuer les 17, 18 et 19, commencerait par les 1er et 3e de nos bataillons, pour finir par le second.

L'ordre de déplacement du major général de l'armée était ainsi conçu :

« Les trois bataillons de l'Hérault doivent aller à Pantin. — Ils passeront vingt-quatre heures à Bobigny, pour manœuvrer et combattre. »

Pendant leur séjour à Rosny et Noisy, l'instruction n'avait pas été négligée, malgré les fatigues d'un service de guerre très-pénible, et le régiment n'avait cessé de fournir journellement de nombreuses corvées pour les travaux de défense effectués tant à l'intérieur qu'à l'extérieur des deux forts.

---

[1] Nous ne croyons pas porter un jugement faux en affirmant que les armées chez lesquelles la croyance religieuse s'est conservée sont précisément les plus disciplinées, les plus braves et celles qui imposent le plus de respect à leurs adversaires. — Tous les cultes reconnaissent, en effet, des liens entre la patrie d'en haut et la patrie d'en bas, et nous enseignent à mériter notre place dans l'une par la manifestation de notre amour pour l'autre.

V

Pantin et Bobigny

Des 17, 18 et 19 au 26 novembre

—

Pour se conformer rigoureusement aux instructions reçues et préparer la nouvelle installation du régiment, le colonel et le lieutenant-colonel résolurent de se transporter à Pantin pour y recevoir de M. le lieutenant-colonel Vernou de Bonneuil, qui commandait les trois bataillons de la Seine à relever dans leurs cantonnements, tous renseignements utiles concernant le service à fournir et la répartition des compagnies dans la localité.

Pour aller de Rosny à Pantin, on suit habituellement la route stratégique tracée en arrière des forts jusqu'à Romainville ; on traverse le faubourg des Lilas, et, contournant l'enceinte par les prés St-Gervais, l'on débouche à peu près perpendiculairement sur la route de Flandre, qui sert de rue principale au village devenu fameux par la proximité du champ Langlois, de sinistre mémoire.

Lorsque le chef de corps et M. le lieutenant-colonel Belleville arrivèrent sur cette dernière route, elle était, malgré sa grande largeur, obstruée de gens qui rentraient dans Paris, porteurs de volumineux fardeaux, qui trahissaient une formidable maraude, opérée par eux dans les jardins de la banlieue.

C'était, paraît-il, depuis quelque temps, toujours le

même mouvement sur cette grande voie. Chaque matin, cinquante à soixante mille personnes sortaient des murs par la porte d'Allemagne, s'aventuraient au delà de Bobigny, du Drancy et de Bondy, avec d'autant moins de crainte de se mêler aux avant-postes prussiens que ceux-ci recevaient ainsi nos journaux et toute sorte de communications utiles.

Tout ce monde rentrait à la tombée du jour, surchargé de denrées maraîchères, qui, recueillies et ménagées avec prévoyance par l'Etat, eussent constitué une énorme réserve pour le ravitaillement de Paris, si l'on y eût pris garde dès le début du siége.

Le dimanche, le nombre des maraudeurs pouvait être évalué au double.

Cette liberté absolue, accordée à la population, de se mouvoir entre les avant-postes des deux armées, créait, en réalité, un danger considérable pour la défense de la place.

Il était à craindre que, mêlés à la foule et habilement travestis, des groupes de soldats ennemis ne s'introduisissent trop aisément et en grand nombre dans nos lignes. —Se rallier ensuite, à un signal convenu, sur tels ou tels points à l'intérieur de l'enceinte, s'emparer par un coup de main audacieux de quelques postes importants propres à faciliter une prise complète de possession de Paris, au moyen d'une action combinée avec celle du dehors: tel pouvait être, dans les circonstances décrites, le plan de nos adversaires.

Nous nous souvenons d'avoir entendu, à cette époque, des gens parfaitement sensés émettre la crainte que quelque jour, à leur réveil, les Parisiens ne trouvassent les principales voies et places publiques de la capitale occupées par les Allemands, sans que personne à l'intérieur eût songé à déjouer la ruse.

N'avaient-ils pas, en effet, des intelligences au cœur de Paris, sans qu'il ait été jamais possible au Gouvernement d'annihiler les intrigues ?

Quoi qu'il en soit de ces hypothèses, il est certain que les cabarets de Pantin et de la Villette étaient remplis de gens parlant allemand et, par suite, suspects.

Si nous avions lieu d'appréhender l'entrée clandestine des Prussiens dans nos murs, ceux-ci, de leur côté, se fatiguèrent d'être en contact, dans leurs propres lignes, avec tant de monde. Ils comprirent qu'à la faveur de ce grand mouvement de la population, les plus hardis de nos francs-tireurs pouvaient se glisser jusqu'à eux, surprendre leurs grand'gardes et les enlever peut-être. Aussi, cessant tout à coup de prendre en commisération les affamés de Paris, se décidèrent-ils à les éloigner à coups de fusil. Ils en tuèrent bon nombre le 15 novembre, et les blessés, abandonnés sur place, périrent de froid, pour la plupart, faute d'avoir été secourus en temps opportun.

Cet accident fit réfléchir les maraudeurs, qui ne renoncèrent cependant jamais totalement à leur grapillage habituel.

L'on conçoit combien le chef de corps, commandant supérieur de Pantin, eut à se tenir sur ses gardes contre les surprises du dehors, que ces conditions rendaient faciles. Aussi nos postes avancés furent-ils établis avec de méticuleuses précautions, et de manière à bien couvrir les cantonnements des compagnies.

Ceux du 3me bataillon prirent position dans cette série d'ouvrages détachés qui descendent des pentes de Romainville jusque sur les bords du canal de l'Ourcq, dont le 1er bataillon eut à garder le passage. Les grand'gardes du 2e bataillon furent établies sur la ligne du chemin de fer, la fraction principale retranchée dans les bâtiments mêmes de la gare.

Le service à fournir par le régiment comprenait encore journellement un bataillon entier de travail aux tranchées en voie d'exécution autour de Bobigny, plus un bataillon en armes pour protéger les travailleurs, chacun d'eux commandé par un officier supérieur.

Ce double service, pas trop pénible, eu égard aux forces humaines, fut cependant réduit bientôt de moitié, après constatation de l'insuffisance *usuelle* des outils livrés aux corvées demandées par le génie, et de l'inutilité d'un piquet de garde aussi considérable que celui que nous avions fourni jusqu'alors.

Le village de Bobigny était protégé, en effet, sur son flanc gauche par un détachement d'infanterie de ligne et, à droite, au point dit *la Folie*, par un bataillon entier d'éclaireurs de la Seine (commandant de Poulizac).

Des troupes de soutien, en réserve à Pantin, se tenaient toujours prêtes en même temps à porter secours à nos travailleurs, pendant que les vigies du fort de Romainville observaient avec attention les abords de Bobigny.

Toutes considérations pesées, on pouvait impunément alléger les fatigues de la garde mobile de l'Hérault, et pousser avec vigueur l'instruction des deux bataillons disponibles.

Pour les habituer à manœuvrer avec ensemble, à occuper vite et solidement les positions principales, le chef de corps prescrivit le simulacre des opérations de la défense de Pantin et de ses approches, en prévision des éventualités qui pouvaient se produire inopinément.

C'était une habitude, au régiment, de bien faire connaître aux troupes toutes les ressources qu'offraient l'état des lieux et la configuration du terrain, dès notre arrivée dans chacun de nos cantonnements successifs, en vue de la meilleure résistance à opposer à l'assaillant. On était à peu près certain d'éviter ainsi la confusion que les attaques imprévues occasionnent trop souvent, même aux troupes réputées aguerries.

Ces précautions n'ont jamais été négligées, lorsque les circonstances nous ont permis de les prendre.

De longues séances de manœuvres pratiques intéressent d'ailleurs les hommes, les habituent à connaître leurs devoirs au feu, le parti à tirer de tous les avantages naturels ou artificiels de la défense; à comprendre, enfin, la pensée du chef, à obéir à sa voix.

Le lendemain même du jour de notre grande manœuvre de Pantin, son à-propos se manifesta, puisque, dans la nuit du 24 au 25 novembre, le fort de Romainville, par ses trois coups de canon consécutifs tirés à poudre, donna le signal d'une prise d'armes générale.

Cinq minutes suffirent aux 1er et 2e bataillons pour se rassembler en colonne sur la place de l'Église. Le 3e bataillon, cantonné tout autour de ce monument, et rentré de Bobigny dans la soirée, ne devait se réunir qu'en cas de nécessité absolue, c'est-à-dire lorsque l'action serait engagée aux avant-postes.

Comme précédemment, dans des circonstances analogues, les rangs des compagnies se trouvèrent encore une fois compactes, et personne ne manqua à l'appel. Tous les gardes mobiles du régiment paraissaient enchantés de l'occasion qui s'offrait à eux de se mesurer enfin avec l'ennemi.

Ces souhaits ne devaient malheureusement pas être exaucés encore !.......... Informations prises au fort et au poste de la Folie, il fut reconnu que cette alerte n'était pas plus fondée que les précédentes.

Contrariées dans leurs espérances, les compagnies rentrèrent dans leurs cantonnements; mais on voit par ces détails que le temps passé à Pantin, quelque court qu'il ait été, ne fut, pour le régiment, ni perdu ni dépensé nonchalamment.

VI

Cantonnements d'Aubervilliers

du 26 novembre au 1ᵉʳ décembre 1870

Le 26 novembre, les trois bataillons du département de l'Hérault, remplacés dans leurs cantonnements de Pantin par le régiment de garde mobile de Saône-et-Loire (lieutenant-colonel Denat), se dirigèrent sur le village d'Aubervilliers, pour y renforcer le seizième bataillon des mobiles de la Seine (commandant Roger).

Des démonstrations de l'ennemi, de ce côté, avaient prouvé l'insuffisance de forces aussi réduites pour garder ce point et celui de Crève-Cœur, malgré le voisinage d'un détachement d'infanterie de ligne, fortement retranché en avant de la Courneuve (commandant Thollier).

En même temps que cet ordre de déplacement arrivait au régiment, avec quatre jours de vivres et un approvisionnement de quatre-vingt-dix cartouches par homme, le général de Liniers lui faisait savoir qu'il allait de sa personne prendre position au delà d'Asnières avec la conviction que sa division ne tarderait pas à se constituer.

Cet avertissement du général nous prédisposait à considérer le séjour de nos bataillons dans Aubervilliers comme une simple période de transition, et paraissait, en tous cas, contradictoire avec l'avis officiel qui investissait le colonel du commandement supérieur de cette localité et de Crève-Cœur.

Le commandement comprenait à peu près toute la zone comprise entre le fort d'Aubervilliers et celui de l'Est, et tirait son importance moins de l'étendue de la ligne à couvrir que de l'incessante menace résultant, pour nos avant-postes de ce côté, du voisinage du Bourget, occupé par des troupes allemandes en grand nombre, depuis le 30 octobre.

Outre la défense de leurs cantonnements dans Aubervilliers, les mobiles de l'Hérault fournissaient un demi-bataillon de grand'garde, établi parallèlement et en arrière de Bobigny, dans la tranchée creusée entre le canal de l'Ourcq et la route des Petits-Ponts. Le régiment prenait place provisoirement dans la brigade *Lavoignet* de la division active de l'amiral de la Roncière le Noury, dont le quartier général était établi à St-Denis.

Le chef de corps, qui se souciait médiocrement de laisser les gardes du régiment en contact permanent avec ceux du seizième bataillon de la Seine, d'autant plus disposés, ceux-ci, à faire de fréquentes escapades que cette troupe se recrutait dans l'arrondissement voisin, le vingtième (quartier de Belleville), consigna ce dernier bataillon dans ses cantonnements de Crève-Cœur, et le régiment dans les siens à Aubervilliers.

Cette mesure de prévoyance ne fut pas notifiée aux troupes du commandement sans susciter quelques murmures chez nos compagnons d'armes de la Seine, d'un tempérament trop frondeur pour dissimuler leurs impressions.

Ils trouvaient déjà *raide* d'être placés sous les ordres d'un colonel venu de *province* et plus *raide* encore d'être l'objet d'une certaine défiance de sa part, en matière de discipline.

Instruit des murmures de quelques-uns, le commandant supérieur voulut en avoir le cœur net, et savoir à quel point il pouvait compter sur le concours de ce bataillon, dans des circonstances plus critiques que sa responsabilité lui faisait prévoir.

Aussi ordonna-t-il, pour le lendemain dimanche, dans l'après-midi, une revue générale des troupes soumises à son autorité.

Il s'attendait à recevoir des mobiles de la Seine un accueil médiocrement satisfaisant, sorte de reflet de leur mécontentement. La supposition s'imposa d'autant plus naturellement à son esprit, qu'ayant été appelé en toute hâte à Saint-Denis par le général, pour conférer des opérations militaires qui devaient avoir lieu prochainement, le colonel ne commença sa revue qu'une demi-heure après le moment indiqué par la voie de l'ordre. Les hommes avaient eu le temps de s'impatienter, malgré les soins pris à l'avance pour justifier ce retard.

Il fut reçu à Crève-Cœur par le commandant Roger, qui lui présenta successivement toutes les compagnies de son bataillon et son corps d'officiers.

Contrairement à toutes prévisions, la garde mobile de la Seine se présenta à cette inspection dans une tenue admirable par sa régularité et avec la meilleure attitude militaire. Elle mania ses armes, manœuvra d'une façon remarquable et prouva à tous égards qu'elle avait mis son amour-propre à inspirer une parfaite impression sur son compte.

Les officiers furent chargés de complimenter et de remercier chaudement leurs compagnies.

A la suite de cette revue, M. le commandant Roger se fit l'interprète du désir de son bataillon de voir lever la consigne qui séparait les uns des autres, dans leurs quartiers respectifs, les bataillons de l'Hérault et celui de la Seine.

Désormais certain de voir s'établir entre ces deux corps cette noble rivalité du bien public dont le pays avait si impérieusement besoin, le commandant supérieur abrogea volontiers ses ordres restrictifs de circulation, de Crève-Cœur à Aubervilliers.

Le même jour, les officiers du 16ᵉ bataillon de la Seine offrirent à ceux du département de l'Hérault la réception militaire la plus cordiale, dans un banquet suivi d'un concert, le tout assaisonné des attentions les plus délicates, auxquelles le régiment fut infiniment sensible.

Il y avait comme une odeur de poudre dans l'atmosphère. Comprenant que bientôt des événements importants allaient se produire, chacun était bien aise de voir s'établir des liens de solidarité entre les corps destinés à combattre les uns à côté des autres, et à s'entr'aider l'occasion.

Pour assurer cet accord utile, le commandant supérieur avait de fréquents entretiens avec les commandants Roger (16ᵉ bataillon de mobiles de la Seine) et Thollier (134ᵉ régiment de marche). Il se mettait également en rapports suivis avec le lieutenant-colonel Dénat, dont le régiment (Saône-et-Loire) couvrait Pantin et Bobigny, afin que, à défaut d'ordres explicites émanant de la brigade ou de la division, lorsque la lutte serait engagée sur tout ou ou partie de ce vaste front de bataille compris entre la Courneuve et Bondy, l'action de chaque corps de troupe ne fût, en aucun cas, isolée de celle des corps de troupe voisins, dans l'exécution d'un plan d'opération d'ensemble.

Le programme adopté en commun ne tendait à rien moins qu'à multiplier la force intrinsèque de chaque bataillon par l'appui attendu des bataillons ou régiments placés à ses côtés.

Dans ce but, et envisageant la double hypothèse d'un mouvement ultérieur, offensif ou rétrograde, dans la direction du Bourget et du Drancy, le colonel des mobiles de l'Hérault devait donner la main aux colonnes manœuvrant sur ses flancs, et se tenir en rapports constants avec leurs chefs. Ceux-ci prenaient les mêmes engagements vis-à-vis de lui, afin que, n'ayant plus, ni les uns ni les autres, à se préoccuper de leurs ailes, sur la ligne de bataille, chacun en particulier se sentît mieux en mesure de tenir tête énergiquement à l'ennemi placé en face de lui[1].

Le commandant supérieur d'Aubervilliers fut mandé de nouveau au quartier général à Saint-Denis, dans l'a-

---

[1] Le commandant Thollier fut le premier à suggérer l'idée de ce trait d'union à établir entre divers corps vraisemblablement destinés à concourir à un but commun, et il parlait avec d'autant plus de persuasion sur l'opportunité de cet accord, que, dans les affaires précédentes tentées contre le Bourget, il avait constaté combien le défaut d'entente préalable entre les chefs de corps engagés avait nui au succès des opérations.

près-midi du 28 novembre, pour recevoir de dernières instructions confidentielles ayant trait au mouvement d'attaque projeté, et au rôle spécial que la garde mobile de l'Hérault aurait à remplir dans le cours de cette opération offensive.

Le régiment devait partir le lendemain, de grand matin, pour être rendu, à neuf heures précises, à trois cents mètres en arrière du chemin qui relie la Courneuve et Bondy, sa droite appuyée à la route des Petits-Ponts. Le front de bataille ainsi déterminé, les bataillons seraient ployés en colonnes serrées, avec intervalles de quarante mètres des uns aux autres, et couverts par une ligne de tirailleurs poussés en avant jusqu'au Petit-Drancy. Le régiment attendrait ensuite de nouveaux ordres, à moins que le feu de l'artillerie ennemie ni lui permît pas de conserver ses positions. Les hommes auraient à emporter deux jours de vivres et leurs cartouches au complet.

Les ordres du général, brièvement énumérés dans les quelques lignes qui précèdent, furent exécutés à la lettre, et le régiment prit place en temps voulu sur la ligne de bataille indiquée, que d'autres bataillons de la brigade Lavoignet prolongeaient à gauche. Ceux de Saône-et-Loire s'établirent sur la droite; mais, en vertu d'ordres plus récents, les tirailleurs se déployèrent au bord et en deçà de la route de Bondy à la Courneuve.

Les démonstrations de la brigade Lavoignet contre le Drancy sont relatées au rapport militaire du gouverneur de Paris, dans le récit de cette grande bataille livrée sur tant de points du pourtour de l'enceinte, pendant les journées des 28 et 29 novembre, et dont le théâtre principal avait été porté sur les bords de la Marne.

Tous les corps de la division de l'amiral de la Roncière rentrèrent le 29 au soir dans leurs cantonnements respectifs, la Courneuve, Saint-Denis, Aubervilliers et Pantin, très-surpris d'avoir exercé un rôle aussi passif; mais le canon qui tonnait encore sur divers points du champ de bataille laissait présager la courte durée de cette inaction.

Dans la nuit, et sur les deux heures du matin, le colonel recevait, en effet, la dépêche suivante :

« Saint-Denis, le 30 novembre. — 1 h. 25 du matin.

» Les opérations qui ont eu lieu hier mardi, dans la
» plaine d'Aubervilliers, recommenceront aujourd'hui
» mercredi. On devra suivre le même programme; seu-
» lement on commencera une heure plus tôt. On sera sac
» au dos, avec couverture et tentes-abris.

» Le vice-amiral, commandant en chef,
» DE LA RONCIÈRE LE NOURY. »

Tout en prescrivant le même programme, l'amiral prétendait évidemment à un dénoûment autre que celui de la veille.

Les trois bataillons de garde mobile de l'Hérault reprirent les positions occupées dans la matinée du 29, et, de même que la veille, elles y stationnaient depuis longtemps, soit à deux kilomètres en arrière du chemin de la Courneuve à Bondy, lorsque le général Lavoignet transmit au colonel les ordres de l'amiral, lui enjoignant de faire avancer ses troupes et d'enlever le Drancy.

Chacun des bataillons se trouvant précédé déjà d'une

forte ligne de tirailleurs, les premières dispositions d'attaque étaient par cela même assurées, en vue de l'opération à exécuter.

Avant de l'effectuer, le colonel se transporta successivement au centre des bataillons, pour les instruire de leur coopération au plan d'ensemble du régiment. Il n'était pas hors de propos, en effet, de rappeler en quelques mots, à des soldats inexpérimentés, que l'enlèvement d'un village (opération en quelque sorte classique) s'opère au moyen de deux colonnes précédées de tirailleurs, tournant à droite et à gauche l'objectif proposé, tandis qu'une troisième colonne, maintenue en réserve, reste prête à appuyer, par une attaque de front, le mouvement des ailes, alors surtout qu'elles viennent à rencontrer de la résistance.

Ces explications fournies, le point de ralliement des colonnes fut donné au centre du village ; le bataillon de Béziers désigné pour opérer à droite, celui de Montpellier à gauche. Lodève, placé au centre, constitua la réserve.

Il avait été entendu, avec MM. les Chefs de bataillon, qu'ils conserveraient chacun toute initiative dans le commandement partiel de leurs colonnes, le colonel et le lieutenant-colonel se faisant une loi de payer de leurs personnes, comme simples soldats, plutôt que comme chefs, dans une circonstance où le régiment allait en venir aux mains pour la première fois avec l'ennemi.

A une époque où les troupes étaient si aisément prédisposées à accuser leurs chefs d'indifférence ou de trahison, il importait que ces derniers fissent ostensiblement acte de vigueur et de mépris du danger, afin d'inspirer entière confiance à tous ceux dont la vie était entre leurs mains.

En les voyant faire au delà de leur devoir, chacun ne pouvait qu'apprendre à remplir rigoureusement le sien, et cet exemple à donner par le commandement nous paraît indispensable avec des troupes de nouvelle formation.

Les Dampierre, Baroche, Saillard et de Grancey, l'ont ainsi compris!

Ce fut à la tête des lignes de tirailleurs, chargées de contourner le Drancy, que ces deux officiers supérieurs prirent place, puisque ces lignes allaient se trouver exposées au feu de l'ennemi plus que les colonnes venant à leur suite.

D'autres motifs utiles leur inspiraient cette résolution.

N'y avait-il pas à appréhender, de la part de nos tirailleurs, de l'impressionnabilité ou quelque hésitation, en recevant le baptême du feu et celui de la mitraille?

Ne fallait-il pas, à tout prix, empêcher une méprise de la part de nos deux lignes, convergeant l'une vers l'autre, lorsqu'elles viendraient à se trouver brusquement en présence? N'était-il pas à présumer que, dans un premier moment d'émoi, les mobiles seraient sujets à décharger leurs armes de compagnie à compagnie? Or il est évident que ces officiers supérieurs à cheval et, par suite, placés plus en évidence que les hommes, se présenteraient à l'ennemi comme chefs de troupe, et que les premiers coups porteraient sur eux plutôt que sur nos tirailleurs, qui, cessant d'être l'objet d'un tir direct, devraient, dès lors, prêter d'autant moins d'attention au sifflement des balles, que celles-ci menaçaient moins de les atteindre [1].

[1] C'est l'observation que le chef de corps ne tarda pas à soumet-

Le mouvement de nos deux lignes de tirailleurs s'opéra régulièrement en avant et autour du Drancy, sans

tre respectueusement à l'appréciation du général de brigade, alors que ce dernier, raisonnant à l'égard des régiments de la garde mobile comme s'il eût été question de vieilles troupes aguerries, dont les cadres expérimentés ont maintes fois déjà fourni des preuves de sang-froid, faisait au colonel la remarque que, ni lui, ni le lieutenant-colonel ne s'étaient tenus pendant l'action à leur véritable place de combat.

La critique était certainement juste en elle-même, et motivée par la marche d'un bataillon de l'Hérault qui, s'écartant un peu trop, peut-être, des tirailleurs qui le couvraient, s'était au delà du nécessaire rapproché du Bourget ; mais, dans les circonstances, et eu égard à la solidarité établie avec les chefs de corps placés à la gauche du régiment pour tenir le Bourget en respect, il n'y avait en réalité aucune crainte sérieuse à concevoir par nous de ce côté.

Quant à la possibilité d'être inquiété par le tir de l'ennemi posté sur ce point, il fallait être résigné d'avance, puisque le bataillon dont il s'agit, marchant en plaine et à découvert, ne pouvait se tenir hors de portée du tir efficace du Drancy sans se rapprocher du village voisin, et sans être exposé aux feux obliques des défenseurs de ces deux localités, séparées l'une de l'autre par une distance à vol d'oiseau de 1,500 mètres au plus.

Si quelque faute de détail fut commise par l'un des chefs de bataillon conduisant sa colonne à l'ennemi, elle avait été, d'ailleurs, bien vite remarquée par qui de droit, et l'ordre de la réparer lui était transmis déjà par l'intermédiaire de l'adjudant-major du 2e bataillon, lorsque le général de brigade la signala au colonel.

Le général désapprouva, en même temps, la mesure prise par le chef de corps, consistant à laisser une ligne de tirailleurs déployée à trois ou quatre cents mètres au delà du Drancy, après l'enlèvement de la position, et il donna l'ordre de les reculer en arrière des premiers abris fournis par les murs extérieurs du village.

Habitué à tenir rigoureusement compte des ordres supérieurs, le colonel assura l'exécution de celui-ci, contrairement à ses convictions sur son opportunité, et ses appréciations à cet égard n'ont pas varié depuis l'événement.

rencontrer d'entraves, jusqu'au moment où, arrivées au delà du village, elles commencèrent à converser

Les hommes placés par lui à bonne distance du Drancy, couchés dans les hautes herbes sèches et bien cachés, par conséquent, permettaient de tenir l'ennemi à l'écart, et sur un terrain graduellement incliné jusqu'au chemin de fer de Mulhouse.

Nos tirailleurs les plus avancés étaient soutenus eux-mêmes par deux autres cordons de tireurs, abrités, le premier par un pli de terrain d'un mètre de hauteur, le second par les murs crénelés du village et du cimetière.

Eu égard à ces dispositions, nos bataillons pouvaient défier toute attaque d'infanterie, sans que nos tirailleurs fussent exposés à subir des pertes; mais c'est surtout en vue d'atténuer les ravages de l'artillerie qu'elles avaient été conçues et arrêtées.

Aussitôt le village en notre possession, il devenait l'objectif naturel des bouches à feu prussiennes. Dès lors, il y avait avantage réel à n'agglomérer dans cet espace restreint, nettement délimité, que les réserves indispensables et des forces proportionnées aux abris fournis à la défense; d'éparpiller nos troupes au dehors dans la plus large mesure possible, sans autres limites que celles qu'imposait leur sécurité.

Enfin le chef de corps avait constaté, non-seulement la veille, mais fréquemment aussi dans les tranchées de Rosny et de Bondy, que les lignes de tirailleurs établies en avant des colonnes ou des cantonnements, pour les protéger, se lassaient généralement de rester en place, lorsqu'elles se considéraient comme très-bien couvertes elles-même par la solidité de leurs abris.

La nécessité de se tenir en garde contre ce laisser-aller inhérent à l'inexpérience de la garde mobile eût suffi pour déterminer le colonel à disposer ses lignes de tirailleurs à découvert, pour les contraindre à se garantir du tir ennemi, au moyen des ressources du terrain, et à rester ensuite en position, plutôt que de les échelonner en arrière de murailles où les hommes, comptant beaucoup trop sur leurs voisins, se ralentissent tous dans leur mandat individuel de vigilance.

Quant aux termes, un peu vifs peut-être, dans lesquels le général formula ses critiques, et qui ont surpris quelques mobiles du de nouveau par file pour se raccorder l'une à l'autre.

Elles furent accueillies alors par une vive fusillade, qui, selon nos prévisions, déconcerta quelque peu certains de nos conscrits.

Beaucoup d'entre eux firent feu machinalement, avant d'avoir visé juste ou d'avoir même aperçu l'ennemi ;

régiment, il faut n'avoir jamais servi dans les rangs de l'armée pour s'émouvoir d'un langage approprié à des impressions ardentes, mais fugitives.

Il est permis au chef militaire de recourir aux expressions qui traduisent le plus rapidement sa pensée dans les circonstances urgentes, quand sa responsabilité est en jeu surtout et que, à tort ou à raison, il la juge menacée par le fait de quelqu'un des agents de son commandement.

Le bon sens du chef qui blâme un inférieur ou qui, dans son langage, s'est départi des termes mesurés usuels entre personnes de bonne compagnie ; ce bon sens, disons-nous, se fait jour aussitôt que cessent les circonstances dont l'influence a pesé sur l'interlocuteur. Il se montre généralement empressé à corriger ensuite, par une démonstration amicale, le fâcheux effet de l'atteinte portée, sans aucun mauvais vouloir, à la dignité de son subordonné. Il reconnait de bonne grâce une erreur de jugement, s'il y a lieu, sinon par un aveu net, du moins par quelque procédé sympathique équivalent.

Le général Lavoignet ne fut jamais plus gracieux à l'égard du colonel que cinq minutes après l'avoir interpellé avec un peu de brusquerie.

Ainsi se termina un incident qui n'a jamais eu l'importance que quelques individualités du régiment lui ont attribuée par inexpérience des habitudes de l'armée. Nous n'en aurions même pas parlé si nous avions eu à faire l'historique d'un régiment régulier; mais, causant familièrement ici avec des gardes mobiles auxquels nous désirons manifester nos sympathies et notre entière confiance, nous présentons, sans en excepter un seul, tous les incidents de notre existence militaire commune sous leur aspect le plus exact.

quelques hommes se couchèrent instinctivement à terre pour se garer, tandis que les plus calmes gagnaient du terrain, au pas de course, comme l'ordre en avait été donné dès la première détonation.

Ces coups de feu étaient, d'ailleurs, dirigés en majeure partie contre les officiers supérieurs montés et les adjudants-majors des 1er et 2e bataillons, qui, groupés par deux, se présentaient, de chaque côté du village, comme des cibles apparentes.

Mais si la fusillade dirigée contre les mobiles de l'Hérault ne fut en réalité pas meurtrière, cette bonne chance doit être attribuée principalement à ce que l'ennemi, menacé d'être tourné par ses deux flancs, préféra évacuer ses positions plutôt que de tomber entre nos mains. Le sangfroid lui faisant défaut dans le moment, son tir n'occasionna aux assaillants aucun dommage sérieux. Les balles sifflaient en passant au-dessus de nos têtes, frisant le but sans l'atteindre.

Aucun de nous ne fut frappé, ni par ces projectiles, ni par les obus qui éclataient en même temps à nos côtés [1].

Nos colonnes pénétrèrent sans résistance dans le Drancy, évacué sous nos yeux, et furent disséminées presque aussitôt, par ordre, en vue d'atténuer considé-

---

[1] Nous avons lieu de présumer que ces obus furent lancés, au premier bruit de la fusillade, par le fort d'Aubervilliers, pour dégager notre marche un moment gênée. Tirés un peu court, ils étaient susceptibles de nuire aux assaillants, non moins qu'aux défenseurs du Drancy.

Ce qui prouverait le fondé de cette appréciation, c'est que le feu de l'artillerie cessa aussitôt que la position eut été enlevée par nous.

rablement les effets redoutables d'un bombardement éventuel.

Les lignes de murs extérieurs du village et ceux du cimetière, formant ouvrage avancé, furent solidement occupés par des tirailleurs placés aux créneaux, où ils continuèrent à échanger des balles avec l'ennemi déployé en arrière du remblai du chemin de fer de Mulhouse, toutes les fois que, de part ou d'autre, il y avait lieu.

Les Allemands occupaient, en outre, les maisons de garde établies sur la voie.

Il eût été facile de les en déloger, et même de reprendre ce jour-là possession du Bourget, croyons-nous, si les ordres supérieurs n'eussent mis entrave aux désirs du régiment, qui demandait à poursuivre son mouvement en avant.

On ne lui accorda qu'en partie satisfaction, en l'autorisant à chasser les Prussiens de la ferme de Groslay, située à droite du Drancy, opération qui fut exécutée avec élan et sans perte d'hommes par le bataillon de Béziers.

Au résumé, l'armée prussienne, aux prises avec l'armée française pendant cette journée et celle de la veille, aux abords de Champigny, ne s'était pas mépris sur le caractère de notre diversion.

Sans s'émouvoir grandement des mouvements de la division La Renoncière, les Allemands avaient dirigé le gros de leurs forces par Gagny et Chelles, vers le point principal d'attaque, ne laissant au nord-est de Paris que des postes trop peu considérables pour engager une lutte sérieuse. En présence de forces supérieures aux leurs, ils se dérobaient prudemment à nos atteintes, après avoir simulé des velléités de résistance.

La même tactique fut observée par les batteries allemandes placées à Dugny, au Pont-Ablon, sur la route de Meaux et au delà de la rivière de la Molette. Ces batteries, réduites chacune à un petit nombre de pièces, mettaient quelque affectation à se montrer ; mais, ne sachant cependant pas la quotité ni la puissance d'artillerie que nous pouvions leur opposer, elles ne s'exposèrent point à être contrebattues par des batteries plus nombreuses, ou à révéler leur faiblesse. Notre occupation du Drancy ne fut donc pas troublée par les effets du canon prussien.

Notre succès sur ce point parut néanmoins, vers les deux heures de l'après-midi, avoir occasionné quelques préoccupations à l'ennemi.

On l'aperçut arrivant en forces considérables sur les hauteurs de Blanc-Mesnil et de Garges, ainsi que les rapports officiels l'ont constaté. Il prit position face à nous, déploya sa ligne de bataille, fit mouvoir son artillerie ; mais son attitude resta celle de l'expectative, tant qu'il eut lieu de croire à la possibilité d'une action plus offensive de notre part. Il se retira lorsqu'il jugea l'heure de la journée trop avancée pour autoriser la continuation de nos opérations.

Mais l'amiral de la Renoncière, dépourvu d'artillerie de campagne au sud-est de son commandement, n'avait pas mission d'agir au delà de ce qui avait été fait au Drancy. Chargé d'opérer une seconde diversion sur Épinay, avec les troupes de Saint-Denis, il laissa au général Lavoignet le commandement de la brigade, pour aller, de sa personne, diriger cette autre série d'opérations, aussitôt que les nôtres furent terminées.

Avant de se retirer du Drancy, il fit mander le colonel des mobiles de l'Hérault, pour l'informer qu'ayant observé du fort d'Aubervilliers, soit de ses propres yeux, soit avec le secours des lunettes de la marine, la façon distinguée dont le régiment s'était conduit dans la matinée, et les dispositions prises pour assurer le succès de l'opération, il adressait aux troupes engagées, aux chefs de corps ou de colonne, ses cordiales félicitations.

Ces précieux éloges furent décernés en présence du général de brigade et de l'état-major complet de l'amiral.

L'expression de sa sincère satisfaction se retrouve dans les termes du rapport militaire inséré dans le *Journal officiel* du lendemain.

A la chute du jour, le régiment évacua le Drancy, en dissimulant son mouvement de retraite et en se couvrant, tant en arrière que sur ses flancs, par de fortes lignes de tirailleurs. Il se reforma en bon ordre de colonne, sur la route de Meaux, non loin de Bobigny, et regagna ses cantonnements d'Aubervilliers, avec l'espoir de pouvoir se refaire des fatigues accumulées des deux journées précédentes, tout au moins par une bonne nuit de repos, les dernières ayant été troublées par les ordres de déplacement qui venaient de recevoir leur exécution au Drancy.

De tels calculs sont toujours hasardés dans la vie de campagne; ils ne devaient pas être justes cette fois.

A deux heures du matin, le chef de corps recevait communication de la dépêche suivante, dont chacun de nous avait à assurer sur-le-champ l'exécution:

« Saint-Denis, le 1er décembre, 1 h. 30 du matin.

» Le colonel commandant les trois bataillons de l'Hé-
» rault, en ce moment dans le village d'Aubervilliers, se
» portera à la station du chemin de fer de la Chapelle.
» Le 1er bataillon y sera rendu à 7 heures 45 du matin ;
» le 2e à 8 heures 15, et le 3e à 8 heures 45.
» Ils sont mis à la disposition du général Favé, pour
» la défense de la boucle de la Marne. C'est un *service*
» *urgent*.
» Au point de débarquement, chaque bataillon trou-
» vera un officier chargé de le conduire sur la position
» qu'il doit occuper.

» *Signé :* Amiral DE LA RONCIÈRE. »

Le branle-bas de départ ayant été aussitôt imprimé dans Aubervilliers, les bataillons arrivèrent en gare de la Chapelle dans l'ordre indiqué ci-dessus, et furent successivement embarqués dans les waggons du chemin de fer de ceinture.

Aucune indication ne nous ayant été fournie quant au caractère durable ou passager de ce nouveau service auquel le régiment était destiné, ce déplacement précipité ne s'effectua pas sans susciter de grands embarras administratifs.

Devions-nous, ou non, faire suivre les magasins du corps et le matériel des bataillons ?

Fallait-il laisser à Aubervilliers les malades ou autres non-valeurs ?

Les sujets d'incertitude ne manquèrent pas.

Mais, s'il y avait doute à certains égards dans nos

esprits, chacun de nous était au fond parfaitement convaincu, par la bruyante cannonade entendue pendant les deux jours précédents, précisément dans la direction de la Marne, que la garde mobile de l'Hérault, ménagée pour les débuts, allait entrer sérieusement en ligne et coopérer avec l'armée active à des opérations décisives.

Dès lors, chacun était content.

VII

Commandement supérieur de la brigade et de la presqu'île de Saint-Maur

du 1er décembre 1870 au 29 janvier 1871 [1]

Le 1er décembre, le temps était splendide, comme les jours précédents d'ailleurs, et sensiblement plus froid.

On tiraillait aux avant-postes, et les batteries opposées échangeaient entre elles quelques coups de canon ; mais aucune action importante n'était engagée sur le pourtour de l'enceinte.

De part et d'autre, les généraux étaient occupés à consolider les positions sur lesquelles les deux armées avaient bivouaqué pendant la nuit du 30 novembre, et à masser de nouvelles troupes sur ces futures bases d'opération.

Les résultats des deux derniers jours de lutte, favorables en définitive à nos armes, furent connus des gardes mobiles de l'Hérault à leur sortie d'Aubervilliers, et les

---

[1] Le colonel des mobiles de l'Hérault ayant eu à exercer le commandement supérieur de la brigade active et de la subdivision territoriale de Saint-Maur pendant la presque totalité de la durée de son occupation de la boucle de la Marne, il évitera de détruire la solidarité intime qui a existé entre tous les corps qui constituaient cette brigade, par un récit qui attribuerait à chacun d'eux isolément la part qui lui revient dans les opérations de la défense.

mit en excellente humeur pendant la durée de leur trajet en chemin de fer.

Le lieutenant-colonel Belleville partit de la Chapelle avec la première colonne, arriva à la station de Saint-Maur, et, selon les ordres du général, procéda immédiatement à l'installation du 1er bataillon, mi-partie à Port-Créteil et moitié au delà de la Marne, pour garder la tête du pont de bateaux.

Le colonel conduisit la seconde colonne, alla prendre en personne les instructions du général Favé, et présida au cantonnement des 2e et 3e bataillons dans les maisons du parc et à l'emplacement des grand'gardes.

Assisté de M. le vicomte de Mirandol, chef de bataillon du service du génie auxiliaire, délégué par le commandant supérieur pour lui indiquer les points d'approche les plus vulnérables, en dehors de la ligne du chemin de fer, *à conserver à tout prix,* il opéra, le même jour, une reconnaissance sérieuse assez avant dans la Boucle, sur les bords de la Marne.

Qelques détails topographiques et stratégiques trouveront ici leur place, afin de n'avoir plus à y revenir, et de procurer au lecteur toutes facilités pour suivre, dans les moindres détails de leur existence, les gardes mobiles de l'Hérault, pendant les deux mois de leur séjour dans la boucle de la Marne.

On nomme ainsi, ou bien encore presqu'île de Saint-Maur, la superficie de terrain, d'une étendue des sept à huit cents hectares environ, délimitée, entre Champigny et Créteil, par le courant de cette rivière capricieuse. Après s'être maintenue à peu près régulièrement, dans la direction générale du nord-est au sud-ouest, jusqu'à Joinville-le-

Pont, elle s'éloigne tout à coup de Paris par un brusque crochet, tourne successivement ensuite vers les quatre points cardinaux, avant de fléchir définitivement du sud-est au nord-ouest, pour marier ses eaux à celles de la Seine dans un lit commun.

Par ses déviations originales, ce cours d'eau forme, en réalité, trois presqu'îles consécutives. La première, très-ouverte, est celle de Poulangis, au nord de la boucle de la Marne; la seconde, celle de Saint-Maur, dont nous nous occuperons plus que de toute autre, est, au contraire, très-resserrée à son ouverture ; la troisième enfin, celle de Créteil, résulte de l'angle circonscrit par la Seine et son affluent.

La forme générale de la Boucle est celle d'un rectangle délimité par des arêtes légèrement convexes. Le tracé de la figure, incomplétement dessiné, offre une ouverture égale au sixième de son périmètre, ouverture par laquelle la presqu'île se rattache à la banlieue de Paris au moyen d'une gorge inclinée de droite à gauche et de bas en haut. A l'extrémité de ce goulet, et formant barrière entre la Boucle et le bois de Vincennes, est un monticule de roc et de terre sur lequel se dressent les redoutes de la Faisanderie et de la Gravelle, reliées ensemble par une courtine brisée deux fois.

Élevé de trente-cinq à quarante mètres au-dessus des eaux de la Marne, aux abords de ces ouvrages de fortification, le terrain s'abaisse graduellement en pente douce, suivant le grand axe de la Boucle, à l'extrémité duquel il ne domine plus le courant que par une berge de quelques pieds de hauteur.

Les villages sont disséminés en grand nombre sur ce

terrain restreint. Nous les mentionnerons selon leur ordre naturel en descendant la Marne :

Joinville, directement situé au-dessous des feux de la Faisanderie, qui communique au moyen d'un beau pont en pierre avec la rive gauche ; Saint-Maur et son annexe Saint-Maurice, lesquels couvrent en entier l'étranglement de la presqu'île. Viennent ensuite le parc St-Maur, sorte d'agglomération de villas, isolées les unes des autres, à droite et à gauche de la ligne du chemin de fer ; Champagnolles, Lavarenne-Saint-Hilaire et Port-Créteil, ces trois dernières localités reliées au delà de la Marne avec Champigny, Chénevrières et Créteil, par des ponts de maçonnerie en partie rompus, comme celui de Joinville, dès le début de la guerre, par nos propres ingénieurs, pour arrêter la marche des envahisseurs.

Mentionnons encore dans la Boucle le village d'Adamville, celui de tous dont la position au sud-ouest est la plus centrale.

A ces localités correspondent, sur la rive gauche, Poulangis, le Tremblay et Champigny, déjà cités ; Bry-sur-Marne, Villiers, Cœuilly, Chénevrières et Ormesson à l'est ; Bonneuil, au sud, Créteil et Maisons-Alfort, à l'ouest.

La presqu'île est couverte, en outre, sur toute son étendue, de constructions disséminées, affectées d'habitude, pour la plupart, au délassement des Parisiens.

L'aspect général de la Boucle est celui d'un vaste jardin, où la culture agricole est sacrifiée à l'agrément et au luxe des résidents. On rencontre çà et là quelques bois de chênes et de pins, religieusement respectés pour leurs ombrages profanes. Les habitants des villages n'utilisent pas leurs jardins microscopiques pour d'autres récoltes que celles des fruits et plantes maraîchères, qu'ils expédient sur le marché de Paris. Beaucoup de terrains vacants, à peu près incultes, attendent des acquéreurs, disposés à combler les vides en faisant élever à grands frais des châteaux réels où des châtelets de carton, destinés à embellir le paysage, de concert avec ceux, déjà nombreux, qui le décorent dans la même zone.

Par suite même de cet égrenage d'habitations de plaisance sur la surface de la presqu'île, elle est traversée par d'innombrables chemins, symétriquement bordés, qui en rendent la connaissance topographique très-pénible pour quiconque a intérêt à se rendre compte à fond de tous les détails et de toutes les distances.

On y distingue cependant plusieurs voies principales, parmi lesquelles la route de Bercy à Saint-Maur, qui, prolongée, aboutit à Lavarenne-St-Hilaire et au pont jeté sur la Marne au-dessous de Chénevrières, partageant ainsi la presqu'île en deux zones de largeur inégale, la zone nord et la zone sud. Cette dernière est des deux tiers la plus vaste ; le chemin de grande communication de Port-Créteil à Champigny, qui se dirige de l'ouest à l'est jusqu'à son point d'intersection avec la route précitée, change ensuite de direction du sud au nord, pour aboutir à Champagnolles et Champigny.

Port-Créteil se relie, d'autre part, à Joinville par un chemin qui traverse Saint-Maur, non loin de son église. Ce dernier village est lui-même en communication directe avec Champagnolles par une large artère, qui court parallèlement à la rivière, s'en écarte à angle droit à trois cents mètres environ du clocher de Saint-Maur, pour franchir ensuite la limite du parc en décrivant les mêmes courbes que la voie ferrée.

Mais le chemin de fer de Paris à Vincennes, prolongé jusqu'à Lavarenne-Saint-Hilaire, constitue aujourd'hui le principal moyen de circulation entre Paris et la presqu'île et à l'intérieur même de la Boucle. Après avoir cotoyé la redoute de la Faisanderie, il décrit une premièrecourbe tracée en remblai à travers Port-Créteil, puis une seconde dans le sens opposé jusque vers Champagnolles, où il arrive par une tranchée profonde. Le cercle se continue ensuite au niveau du terrain, conformément au cours de la rivière, jusqu'à la station de Lavarenne-Saint-Hilaire, où le remblai s'accentue vigoureusement une seconde fois. Les travaux inachevés du railway, assez avancés, néanmoins, dans la direction d'Ormesson, pour laisser pressentir son raccord futur avec la ligne de Mulhouse, au delà de la Marne, obligent l'explorateur à s'arrêter dans cette direction.

Toute description de la Boucle, de ses abords et de ses débouchés, serait incomplète, s'il n'était fait mention, à propos de ses voies de circulation, de la voie navigable du canal de Saint-Maur, qui traverse, d'une extrémité à l'autre, l'étranglement de la presqu'île, à la hauteur de Joinville, et un peu peu en amont du barrage jeté en travers de la rivière, pour amasser les eaux et abréger la navigation entre ce dernier point et Port-Créteil. Ce canal est voûté dans la majeure partie de son tracé.

Puisque cette étude de la configuration du pays a pour but de faire ressortir tous les éléments de la défense, il convient de remarquer que le sol est en contre-bas sur la rive gauche de la rivière, entre les villages de Joinville et de Champigny, d'où le terrain s'élève assez brusquement vers Villiers, Cœuilly et Chénevrières, qui domine la Marne presque à pic ; il descend de ce point sur Ormesson et Bonneuil, se relève ensuite au sud-ouest jusqu'aux crêtes du Montmely, dont les versants ondulés se prolongent dans Créteil et Maisons-Alfort, où ils s'abaissent de nouveau jusqu'au fort de Charenton, c'est-à-dire en regard du canal de Saint-Maur, à son débouché.

De Joinville à Lavarenne-St-Hilaire, et de St-Hilaire à St-Maurice, le cours de la Marne est coupé par un certain nombre d'îles ou d'îlots, parmi lesquels il y a lieu de mentionner ici ceux qui servent de point d'appui aux quatre ponts de pierre par lesquels les communications sont assurées d'habitude d'une rive à l'autre : les îles Chénevrières et Barbières, situées, la première au-dessous du plateau du même nom, la seconde entre le château et le moulin de Bonneuil.

A l'époque où la mobile de l'Hérault fut envoyée dans la Boucle, la presqu'île était, sauf par la gorge, à peu près isolée de sa banlieue, par suite de la rupture d'une arche au moins de chacun des ponts qui la desservent. Elle disposait cependant encore, à hauteur de Créteil, d'un pont de bateaux ; mais l'occupation définitive de cette localité restait si incertaine, qu'à tout instant ce moyen de communication était supprimé et reconstitué.

La presqu'île était protégée extérieurement par les redoutes de la Faisanderie et de la Gravelle et par les feux du fort de Nogent, qui, récemment armé de pièces de marine, pouvait balayer la rive jusqu'au pont de Champigny. Du côté de Créteil, le fort de Charenton envoyait également ses obus jusqu'à la Marne, mais sans pouvoir battre le terrain au delà de Saint-Maurice autrement qu'au juger, son champ de tir étant malheureusement borné par les coteaux que forment les dernières ondulations du Montmély.

De pareilles défenses eussent été très-insuffisantes si l'autorité militaire n'avait songé à doter la presqu'île d'ouvrages particuliers ; aussi les ingénieurs militaires y avaient-ils pourvu. Ils consistaient en une forte redoute, établie en avant du village de Saint-Maur et puissamment armée sur toutes ses faces, avec des pièces de marine et de siége d'un fort calibre. Quelques pièces de douze complétaient l'armement.

Il avait été établi, en outre, en avançant vers Champagnolles et dominant la Marne, un second ouvrage important, dissimulé par la bâtisse d'un vaste réservoir, destiné en principe à alimenter l'arrosage de la presqu'île.

De nombreux épaulements en terre, soigneusement blindés, déjà construits ou en voie de construction, aux abords de Champagnolles, dans les bois des Moines et des Corneilles, c'est-à-dire entre Adamville et Lavarenne-Saint-Hilaire, et sur quelques autres points de la Boucle, permettaient de faire face à toutes les exigences de la situation, quel que fût d'ailleurs le côté menacé. Ces épaulements masquaient tour à tour six batteries mobiles de douze rayées, constamment en mouvement.

Des projets de tranchées devant servir ultérieurement à abriter des bataillons entiers d'infanterie et permettre de couvrir nos avancées, au moyen de nombreux tirailleurs, étaient, en même temps, les uns à l'étude, et d'autres commencés déjà sur divers points de la Boucle. Ces améliorations s'effectuaient rapidement sous la direction de l'ingénieur en chef des ponts et chaussées, M. Ducrot, colonel du génie au titre auxiliaire, chargé, en cette qualité, de travaux importants sur tout le développement de l'enceinte de Paris [1].

Tandis que le génie militaire procédait, en effet, au choix des emplacements et à la construction des principaux ouvrages de fortification, le génie civil intervenait, de son côté, pour compléter les moyens de défense par des travaux complémentaires, dont l'exécution, dans la presqu'île, resta confiée, jusqu'à la fin du siége, à M. le commandant de Mirandol.

Les forces de la Boucle, à la date du 1er décembre, consistant surtout en artillerie, le commandement supérieur était exercé, à cette époque, par le général Favé, sous les ordres duquel le régiment fut appelé à servir à son arrivée à Saint-Maur. Il avait encore à sa disposition les 4e et 6e bataillons de la garde mobile de Seine-et-Oise (lieutenant-colonel Abraham).

Le service de l'infanterie consistait principalement à fournir des compagnies de soutien aux batteries volantes de l'artillerie, à assurer la garde des deux redoutes et celle du pont de Créteil. Le surplus était cantonné dans le parc, avec mission de défendre à outrance la ligne du chemin de fer, si jamais les grand'gardes placées au delà de cette ligne étaient refoulées jusque-là.

Le régiment reçut et observa les mêmes consignes que

---

[1] M. Joseph Ducrot a été nommé préfet du département de la Loire, en remplacement de M. de l'Epée, assassiné lâchement par les communards de Saint-Etienne, en avril 1870.

les troupes qui l'avaient précédé. On sait comment nos bataillons avaient été répartis à leur arrivée, et quelles attributions particulières incombaient à chacun d'eux[1].

Le 2 décembre au matin, la bataille, interrompue par trente-six heures de repos, s'engagea de nouveau par une attaque impétueuse des Prussiens, qui avaient massé des troupes fraîches, en grand nombre, en arrière de Villiers et de Cœuilly.

Le régiment eut à fournir un certain nombre de compagnies de soutien aux batteries mobiles de l'artillerie, et les autres demeurèrent sous les armes, en prévision d'événements, tandis que le chef de corps et le lieutenant-colonel se tenaient tour à tour au centre des bataillons, pour les maintenir en position, et tour à tour dans la redoute, auprès du commandant supérieur, pour recevoir ses ordres et en assurer l'exécution.

Ces officiers supérieurs assistèrent ainsi au mouvement rétrograde de nos troupes, refoulées par l'impétuosité de l'attaque, les virent abandonner les hauteurs de Champigny, puis, aidées par les feux de l'artillerie de St-Maur, reprendre à leur tour l'offensive et regagner les plateaux

---

[1] Ces dispositions étaient sans grande opportunité dans la circonstance, puisque nos troupes, victorieuses le 30 novembre, avaient gagné du terrain autour de la Boucle, et qu'elles occupaient solidement les hauteurs de Bry, de Villiers et de Champigny. Plus au sud, le mouvement offensif de la division Subielle nous avait rendus maîtres de Mont-Mély. — En cet état, il y avait lieu, selon nous, d'établir l'infanterie récemment arrivée dans la presqu'ile, tout entière dans des positions plus avancées, et aussi près que possible de la Marne, entre Champagnolles et Lavarenne-Saint-Hilaire, afin d'en tirer un parti productif dans le cours des événements ultérieurs.

dont elles avaient été délogées. Mais, au moment de la retraite, quel parti utile n'eût-on pas retiré des mobiles de l'Hérault, s'ils avaient été disposés d'avance sur les bords de la Marne? Nos tirailleurs, tirant à coup sûr dans les masses ennemies descendant de Chénevrières, leur eussent fait le plus grand mal, certainement.

Quelques gardes du régiment, envoyés en éclaireurs, un peu tardivement, du côté de Champagnolles, et quelques autres que leurs instincts naturels y portèrent, ont brûlé bon nombre de cartouches avec avantage réel dans la journée.

Les compagnies qui accompagaient l'artillerie volante furent sérieusement exposées au feu des pièces ennemies qui contre-battaient ces batteries; de même les compagnies préposées à la garde des terrassements du réservoir; mais, placées à couvert dans les tranchées récemment creusées sur ce point, et fort heureusement pour elles, elles ne souffrirent presque pas de la pluie de mitraille qui s'abattait à leurs côtés.

Le tir le plus intense fut dirigé contre la redoute de Saint-Maur, sur laquelle les batteries prussiennes firent converger leurs feux plusieurs fois avec fureur.

Au demeurant, le régiment, tenu en réserve en arrière de la ligne du chemin de fer, pendant toute la journée, ne fut guère éprouvé pendant cette dernière phase de la bataille de Champigny.

L'histoire du siége de Paris relate comment se termina cette affaire de guerre. Malgré le nouveau succès de nos troupes, le gouvernement ne jugea pas à propos de poursuivre la tentative de la trouée, et ce changement de résolution motiva même l'abandon des positions si difficilement acquises.

Les hauteurs de Villiers, de Champigny, celles du Mont-Mély, furent donc évacuées dans la nuit du 2 décembre !

La brigade d'André demeura cependant sur la rive gauche de la Marne, dans la presqu'île de Poulangis, pour défendre l'accès des ponts de bateaux jetés à hauteur de Joinville. Le colonel Lemains fut en même temps préposé, avec les troupes placées sous ses ordres, à la garde de Maisons-Alfort et de Créteil, pour tenir l'ennemi à bonne distance du fort de Charenton.

Ces deux brigades allaient désormais dépendre du commandement supérieur de Vincennes, exercé par le général Ribourt, ainsi que la brigade de la presqu'île de Saint-Maur, par suite de la décision du gouverneur de Paris, qui appela le général Favé à d'autres fonctions que celles qu'il exerçait dans la Boucle [1].

Le colonel d'état-major Warnet prit le commandement supérieur de la presqu'île, le 4 décembre au matin, sans modifier d'aucune façon les dispositions de service et de défense arrêtées par son prédécesseur.

---

[1] Un bruit accrédité dans l'armée de Paris attribua le changement du général Favé à une sorte de disgrâce occasionnée, disait-on, par un désaccord avec le général Ducrot, au sujet de l'emploi trop parcimonieux qu'il avait fait de son artillerie pendant les journées de la bataille de Champigny. Nous ajoutons d'autant moins foi à ces malveillantes appréciations, que, pendant tout le temps que nous avons passé nous-mêmes dans la redoute, nous avons constaté, à diverses reprises, tout le mal que ses pièces ont occasionné aux Prussiens, en démontant successivement plusieurs batteries placées sur les coteaux de la rive gauche, et en obligeant celles, très-dangereuses, de Chénevrières à se dérober en arrière des crêtes.

Le régiment continuait à fournir journellement un bataillon d'escorte aux six batteries qui circulaient dans la Boucle, échangeant çà et là quelques obus avec l'ennemi.

Malgré la rigidité de la température, qui suspendait la décomposition des corps, il fallut cependant songer à donner la sépulture aux morts, en grand nombre abandonnés sur le théâtre des combats des 2 décembre et jours antérieurs, dans les villages de Bry et Champigny et dans la zone neutre qui séparait les avant-postes des deux armées.

Le colonel du régiment des mobiles de l'Hérault, nommé commandant supérieur de la Boucle en remplacement du colonel Warnet, passé à l'état-major de l'une des divisions actives, assura le même jour l'exécution de l'armistice conclu à cette fin, en ce qui concernait la redoute et le feu des autres batteries de la presqu'île et celui des avant-postes d'infanterie.

L'abbé Scala, aumônier dn 1er bataillon, fut délégué pour prêter son pieux concours à l'inhumation des victimes de la lutte [1].

---

[1] Trois dignes prêtres, les abbés Someraire, vicaire de la paroisse Saint-Jacques-du-Haut-Pas ; Billecard, vicaire d'Enghien-Montmorency, et M. Scala, ancien vicaire de Mgr l'Évêque de Fréjus et professeur au petit Séminaire du même diocèse, s'étaient associés, en qualité d'aumôniers, à la fortune de nos bataillons, dès le mois d'octobre, c'est-à-dire à l'époque de leur sortie des murs de Paris.

Ils ont fait preuve, à l'égard des hommes de la garde mobile de l'Hérault, d'une sollicitude constante et d'un dévouement sans borne dans l'accomplissement de leur mission évangélique.

Qu'il nous soit permis de leur rendre justice, puisque le personnel du régiment est privé de tout autre moyen de témoigner son estime et sa reconnaissance à ces braves ecclésiastiques.

Tandis que, assisté de quelques gardes mobiles, il accomplissait sa pénible tâche, le nouveau commandant supérieur profitait de ce que le drapeau parlementaire était arboré sur les rives de la Marne, et de la prolongation de la suspension d'armes, pour parcourir la presqu'île dans tous les sens, afin de connaître, autant que sa responsabilité nouvelle le comportait, les ressources et les côtés faibles de la défense.

Le lieutenant-colonel, désigné pour remplir les fonctions de commandant de place, les officiers supérieurs du régiment, ceux de Seine-et-Oise, les adjudants-majors de tous les corps, prirent part à ces reconnaissances, dont l'utilité pouvait se faire sentir du jour au lendemain.

Il fut reconnu que les mesures de précaution prises jusqu'alors étaient insuffisantes, et que la ligne de nos avant-postes, trop rapprochée du chemin de fer, permettait à un ennemi entreprenant de franchir la Marne, presque sans obstacle, entre Champagnolles et Créteil, et totalement inaperçu s'il opérait à la faveur de la nuit ; il lui était loisible d'arriver ainsi à hauteur du parc, d'intercepter les troupes placées entre la redoute et le pont de Champigny, et, dès lors, d'envelopper les batteries isolées qui bivouaquaient sur leurs emplacements journaliers de combat.

Pareille attaque, entreprise contre des troupes jeunes et inexpérimentées, surprises à la fois sur leurs flancs et sur leurs derrières, devait infailliblement aboutir au succès de l'agresseur, et, ce premier résultat acquis, il lui devenait aisé d'enlever la redoute et de s'emparer, à la fois, et du matériel et de ses défenseurs.

Il y avait donc urgence à modifier le service des gardes

de la presqu'île, et, eu égard à la quotité de troupes disponibles, peu considérable dans le moment, mieux valait en augmenter les fatigues que de compromettre leur sécurité.

Le péril était d'autant plus réel et imminent, que la plupart des gens restés dans la presqu'île étaient d'une moralité suspecte. Dès lors on devait appréhender de secrètes connivences avec l'ennemi, tout au moins de la part de quelques-uns d'entre eux. Les faits se sont chargés de démontrer par la suite combien ces suspicions étaient fondées[1].

Notre pont de bateaux ayant été replié dans les premiers jours de décembre, la presqu'île se trouva isolée du quartier général, demeuré encore à Créteil, et de tous renforts à attendre de ce côté dans des circonstances critiques.

Tenant compte de la situation, le commandant supérieur modifia les emplacements de ses bataillons, et les disposa dans l'ordre suivant :

Le 6e bataillon de Seine-et-Oise, à Port-Créteil ;
Le 1er — de l'Hérault, à Adamville ;
Le 2e — — au Parc (en réserve) ;
Le 3e — — à l'extrémité du Parc et aux abords de Champagnolles ;
Le 4e — de Seine-et-Oise, en seconde réserve, dans Saint-Maur, entre l'église et la redoute.

Une compagnie de l'Hérault (la 7e du 2e bataillon)

---

[1] Ce déplorable espionnage s'est exercé constamment au profit de nos ennemis, pendant toute la durée de la guerre, sur le pourtour entier de l'enceinte de Paris.

s'établit en permanence dans cette redoute, où elle seconda journellement les artilleurs dans le service des pièces.

Les grand'gardes furent portées en avant d'Adamville et de Lavarenne-Saint-Hilaire, pour former, depuis Pont-Créteil jusqu'à Joinville-le-Pont, des lignes continues de postes et de petits postes, dont les sentinelles se reliaient à peu près ensemble ou n'étaient en tout cas séparées entre elles que par des espaces restreints, d'une surveillance facile.

Des patrouilles régulières et volantes, des rondes, circulaient fréquemment pendant la nuit sur tout le périmètre de nos avancées, maintenant la vigilance des factionnaires, surveillant les rives de la Marne, et prêtes à signaler les moindres événements aux compagnies de garde, à celles de réserve échelonnées en arrière de celles-ci, et enfin au commandement.

Quelques patrouilles de cavalerie fouillaient également le terrain dans tous les sens, pendant la journée ; mais le petit nombre de chevaux à affecter à ce service ne permettait guère de le multiplier.

Un système plus complet de défense fut concerté de suite avec les commandants du génie militaire ou civil, pour entraver une attaque, permettre à tous les défenseurs de la presqu'île d'entrer à temps en ligne, sans être jamais exposés, au delà du nécessaire, aux feux des hauteurs voisines. L'on n'en redoutait cependant pas encore outre mesure les effets destructeurs, l'expérience ayant prouvé, pendant et depuis la bataille de Champigny, que nos batteries de position étaient capables de tenir en respect celles de l'armée prussienne.

De grands bûchers de bois résineux furent préparés sur les points culminants de la Boucle, pour être incendiés et servir de signaux aux troupes, suivant les circonstances.

Les travaux de toute sorte, poussés activement pendant l'armistice, qui se prolongea, renouvelé jour par jour, pour l'enterrement des morts, jusqu'au soir du 8 décembre, pour être repris encore dans l'après-midi des deux journées suivantes, pendant que les parlementaires des deux armées se trouvaient en présence, purent même se continuer ensuite sans grandes difficultés, l'ennemi ne paraissant nullement se soucier de consommer ses munitions sans motifs d'importance.

Il en convenait lui-même, et s'engageait à ne pas harceler nos avant-postes, si la tranquillité était laissée aux siens.

Cet acte de condescence réciproque, qui servait les défenseurs de la Boucle, pendant la première période de notre occupation, ne pouvait cependant se prolonger sans inconvénients majeurs. Aussitôt que le régiment eut acquis bonne connaissance de son terrain, des artères à suivre, des emplacements à occuper, suivant les éventualités qui pouvaient se produire, l'ordre fut formellement donné à nos grand'gardes de faire feu sur les Allemands, toutes les fois que l'occasion s'en présenterait, et, par contre, de se tenir désormais en sérieuse garde contre les représailles.

L'état de guerre n'autorisait pas, en effet, les deux armées à vivre avec indifférence côte à côte, d'une rive à l'autre, alors surtout que la réserve des approvisionnements de Paris était journellement mise à contribution.

A la suite de cette nouvelle consigne, quelques hommes du régiment furent blessés plus ou moins grièvement, et ces atteintes du tir de l'ennemi eurent pour résultat d'inspirer aux nôtres de la prudence plus que ne l'avaient fait de bons conseils.

Tandis que l'infanterie remplissait un rôle sérieux, quoique modeste, de son côté l'artillerie prenait pour point de mire les constructions occupées par l'ennemi, soit en avant de Poulangis, soit à Champigny, soit sur les hauteurs de Chénevrières, ainsi que les groupes qui se montraient au delà de la rivière, et fréquemment nos coups portaient juste.

Le commandant supérieur ayant reçu l'ordre de modifier le champ de tir des pièces de position de la presqu'île, pour protéger plus efficacement les troupes de la brigade d'André, cantonnées au Tremblay et à la fourche de Champigny, un travail important fut entrepris à la redoute et à la batterie du Réservoir, pour assurer ce service. Il était en cours d'exécution lorsque, le 15 décembre, l'ennemi s'avisa justement de tenter contre nos voisins une attaque qui était en bonne voie de réussite lorsque l'artillerie de la redoute, venant en aide à un retour offensif de cette brigade, contraignit les Allemands à rentrer vivement dans leurs lignes, en éprouvant de sensibles pertes. Nos tirailleurs, disséminés, dès le début de cet engagement, sur les pentes en amont de Champagnolles, contribuèrent à entraver la marche des assaillants et à accélérer leur retraite.

Le régiment perdit ce jour-là trois hommes qui, s'étant aventurés sur la rive gauche de la Marne, au delà du cordon des avant-postes français, furent ou faits prisonniers ou tués.

Les communications directes entre la Boucle et Créteil ayant été rétablies à la même époque, au moyen d'un pont de batelets, il devint indispensable d'assurer la garde et la conservation de ce passage, et ce double soin fut spécialement confié au 6ᵉ bataillon de Seine-et-Oise.

Il y avait lieu de le prémunir surtout contre les chocs produits par les monceaux de glace que charriait la rivière, et contre les corps flottants que l'ennemi lançait intentionnellement de Bry et autres points, en amont de Joinville, pour intercepter nos communications d'une rive à l'autre.

Il était nécessaire d'exercer à cet égard la surveillance la plus méticuleuse.

Le commandement local avait à obvier, en même temps, à des embarras d'un autre ordre, qui réclamaient incessamment son attention, pour assurer la sauvegade de la propriété sur toute l'étendue de la presqu'île.

Elle était parcourue par un ramassis de gens qui se disaient être du pays, et qui, sous prétexte de sauvegarder leurs biens propres, se livraient à la maraude la plus effrénée. Des individus revêtus du costume de la garde nationale, parmi lesquels quelques-uns s'abritaient, sous le pavillon de Genève, dévalisaient les maisons abandonnées, et le produit des vols se cachait le plus fréquemment dans les voitures d'ambulance.

L'impunité acquise à la dévastation opérée dans toute la banlieue, depuis le commencement du siége, avait produit sur les troupes l'effet le plus démoralisateur également, parce que, voyant impunément piller les propriétés, elles se laissaient entraîner à imiter le mauvais exemple, à faire main basse sur les objets utiles à leur bien-être, et ensuite sur beaucoup d'autres.

La dévastation était d'autant moins aisée à empêcher, que le commandement se trouvait aux prises avec la difficulté de distinguer les propriétaires vrais des propriétaires faux, et la crainte de nuire à ces derniers en les gênant dans le sauvetage de leurs biens.

Les bureaux de contrôle du commandant supérieur et du lieutenant-colonel commandant de place étaient obstrués, du matin au soir, de gens mis en état d'arrestation pour enlèvement plus ou moins légitime d'objets mobiliers. On arrêtait également les individus surpris en délit de chasse, cette distraction étant formellement interdite autour de Paris, en raison des événements de guerre. L'attention de ces officiers supérieurs ne fut que trop distraite, malheureusement, des questions purement militaires, par des affaires de police qui se renouvelaient sans cesse.

Les interrogatoires à faire subir, les rapports à rédiger, et le soin de faire relâcher ou diriger les prévenus sur Vincennes, où le commissaire de police faisait une enquête plus complète sur les faits reprochés aux maraudeurs, ont absorbé bien des heures qui eussent été d'autant mieux employées d'une autre manière, que l'officier de police judiciaire rendait généralement les coupables à la liberté. Encouragés par l'impunité, ils recommençaient leurs exploits, soit dans la Boucle, soit sur d'autres points moins bien surveillés.

Parmi eux, il en est qui se sont fait prendre de nouveau ; mais nous n'en connaissons pas, cependant, qui aient hasardé une troisième épreuve dans la presqu'île, et pour cause.

Certains drapeaux ou emblèmes conventionnels, découverts dans les habitations les plus rapprochées de la rivière, et la fuite précipitée d'individus dont la présence dans ces parages était suspecte ; le mot d'ordre, surpris plusieurs fois par des personnes aux aguets autour des postes ou des sentinelles isolées ; la rupture réitérée du fil télégraphique posé entre la redoute de Saint-Maur et Créteil, avec le fort de Charenton pour station intermédiaire, et d'autres indices encore, révélaient un système d'espionnage et d'hostilité occulte, opérés sur une vaste échelle par les émissaires de l'ennemi, et constituaient un danger permanent pour les troupes de la brigade. De là résultait une nécessité absolue d'écarter de la presqu'île quiconque était jugé capable d'aviser, par des signaux ou autrement, les avant-postes allemands de l'état de nos forces, de nos mouvements, ou bien encore de nos dispositions éventuelles de défense.

Tout individu qui ne justifiait pas des motifs de sa présence dans la Boucle était donc expulsé sans ménagement et menacé d'être traduit devant une cour martiale, et probablement passé par les armes si, après un second avertissement, il se laissait surprendre vagabondant derechef dans l'étendue du commandement.

Les personnes mêmes du pays dont les habitations se trouvaient dans le rayon de nos grand'gardes, et plus spécialement celles qui demeuraient sur les bords de la Marne, durent se résigner à déménager, tant dans leur intérêt que dans le nôtre. Un domicile leur était offert par humanité dans des constructions reculées, n'offrant pas les mêmes .inconvénients.

Pour des motifs identiques, les embarcations, en grand nombre, dépendant des maisons éparpillées sur la rive droite, furent ou défoncées ou brûlées, des aventuriers hardis ayant maintes fois tenté de s'en servir pour porter des nouvelles à l'ennemi.

Pour remédier aux manœuvres usitées pour surprendre le mot d'ordre journalier, des signes conventionnels furent adoptés et indiqués aux sentinelles pour leur usage pendant la nuit.

Grâce à ces précautions et à bien d'autres passées sous silence, les troupes de la brigade eurent à craindre infiniment moins que par le passé, soit d'être l'objet d'une surprise de la part d'un adversaire habile et vigilant, soit de devenir victimes de l'espionnage de ses agents.

Toutes les mesures de prudence adoptées occasionnaient sans doute aux mobiles de l'Hérault, comme aux autres défenseurs de la presqu'île, de nouveaux sujets de service et de fatigues ; mais il importait par-dessus tout d'assurer la sécurité et la réputation d'honnêteté des défenseurs de la Boucle, en les préservant des atteintes de l'ennemi et de la contagion du maraudage.

Le chef de corps parvint à peu près à ce résultat ; mais, ce récit ne devant se ressentir d'aucun sentiment de partialité bienveillante de sa part, il convient d'avouer que, dans la garde mobile de l'Hérault comme dans tous les autres corps, quelques hommes parurent avoir perdu parfois tout sentiment du droit privé en matière de propriété.

Dans l'intérêt de la moralité publique violemment offensée et de la discipline à sauvegarder, nous avons tout tenté dans le moment pour connaître les coupables et les livrer à la justice militaire ; mais, aujourd'hui que nous gémissons courbés sous le poids de tant de malheurs publics, et que notre responsabilité est dégagée, nous bénissons les circonstances qui nous ont dispensé de faire acte de rigueur. Espérant, d'ailleurs, que les infortunes matérielles de leur condition plus que des instincts mauvais entraînaient certains hommes dans une voie aussi fâcheuse, nous nous félicitons de ce que l'honneur de quelques dignes familles n'ait pas été terni par l'entraînement blâmable de leurs enfants[1].

Les parlementaires se succédèrent fréquemment aux avant-postes, durant cette période du siége.

Le 17 décembre, dans la matinée, eut lieu une nouvelle suspension d'armes de trois quarts d'heure de durée. Des pourparlers furent entamés entre les chefs des deux armées, en vue d'une cessation complète des hostilités.

---

[1] Puisque nous relatons consciencieusement nos fautes, nous mentionnerons celle qui avait été commise pendant la durée de notre cantonnement antérieur d'Aubervilliers, à l'occasion de la garde de tranchée que nos bataillons fournissaient au delà de Bobigny.
Sous prétexte de fatigues, l'une des compagnies du régiment, commandée pour occuper à son tour cette position, très-éloignée de nos cantonnements, négligea de se rendre à son poste le 29 novembre, et le laissa à l'abandon. — Si nous ne signalons pas ici son numéro, c'est que le fait ne s'est plus produit par la suite d'une façon collective, par le mauvais vouloir de celle-là, ni de toute autre.

Ces efforts conciliateurs n'ayant pas abouti, on procéda de part et d'autre, de la façon la plus énergique, à la reprise des opérations militaires.

Le 19 décembre, le général Ribourt, dont le commandement supérieur s'étendait de Créteil jusqu'à et y compris le fort de Nogent, ordonnait au commandant supérieur de la Boucle de se rendre auprès de lui, accompagné du commandant de l'artillerie de la redoute de Saint-Maur, pour recevoir d'importantes instructions. Il informa verbalement ces officiers que, selon les dépêches reçues du gouverneur de Paris, de grandes opérations allaient être effectuées le surlendemain sur les bords de la Marne, et que, en prévision de certaines éventualités du côté de la presqu'île, quatre bataillons de marche de la garde nationale venaient d'être accordés en plus pour la défense de cette position.

Ce surcroît de forces devait, en tout cas, permettre d'alléger enfin le service de nos bataillons, conformément aux demandes réitérées faites à cet égard. Selon toute probabilité, l'artillerie de la redoute aurait pendant l'action à intervenir de la manière la plus sérieuse dans la lutte, et, pour que l'infanterie fût en mesure elle-même d'y concourir, ordre lui était donné par le général d'occuper, dès le point du jour, ses positions de combat, tout le monde prêt à faire son devoir dans le cas où l'ennemi prendrait l'offensive de nos côtés, c'est-à-dire sur des points où nos effectifs, et le matériel en particulier, avaient été récemment réduits [1].

---

[1] Dans de nouvelles instructions, envoyées par écrit le lendemain, le général Ribourt s'exprimait dans les termes suivants : « MON CHER

Nous avons oublié de relater que, dans toute l'étendue de la division Ribourt, et en particulier de la boucle

» Colonel, je regrette beaucoup, à cause des opérations projetées, le
» retard que l'on a porté à vous envoyer les bataillons de garde na-
» tionale mis à votre disposition, parce que demain vous aurez be-
» soin de n'être pas distrait des soins importants à donner à la
» défense, et que ces troupes, à peine installées, n'auront pas eu le
» temps de reconnaître leurs positions, ni de se bien pénétrer de
» leurs obligations. Vous y suppléerez par toutes les recommanda-
» tions que vous croirez utiles.

» Vous prescrirez à l'artillerie sous vos ordres de ne pas tirer
» inutilement, mais de ne laisser échapper aucune occasion d'at-
» teindre les groupes ou les convois de matériel qui se montreraient
» à sa portée.

» Si quelques engagements partiels se produisent sur vos lignes,
» vous ne devrez point négliger d'engager la garde nationale, dans
» la mesure qui convient, l'heure étant venue de rendre son rôle
» militaire effectif.

» Vous recommanderez aux batteries de la Boucle de croiser leurs
» feux avec ceux de Nogent, qui reçoit les mêmes instructions que
» vous, et cela en avant des troupes qui gardent Poulangis et le
» Tremblay, si l'ennemi se montrait de ce côté, au moins pour les
» pièces qui ont des vues dans cette direction.

» Enfin, mon cher Colonel, je me repose en vous du soin de
» suppléer ce que ces instructions peuvent avoir d'incomplet, et
» de donner la meilleure direction possible à nos opérations en ce
» qui vous concerne.

» Vous vous tiendrez en rapports fréquents avec moi, au moyen
» du télégraphe, pendant la journée, et vous m'informerez exacte-
» ment de tout ce qui pourrait advenir.

» Agréez, mon cher Colonel, etc.

》 *Le Général commandant supérieur,*
》 Ribourt. 》

》 *A Monsieur le colonel de Montvaillant, commandant supérieur de*
》 *la brigade et presqu'île de Saint-Maur.* 》

de la Marne, la plupart des batteries mobiles avaient été récemment retirées, pour être, les unes mises à la disposition des corps d'armée Vinoy et Ducrot, les autres placées en position entre Rosny, Nogent et la Faisanderie, par suite de la détermination prise de couronner avec des canons toutes les hauteurs qui dominent la Marne de ce côté.

Ces dispositions se rattachaient au vaste projet d'attaque contre les lignes prussiennes, qui allait recevoir son exécution.

Les bataillons de marche de la garde nationale, annoncés d'abord pour l'après-midi du 20 décembre, et au devant desquels un officier du régiment avait été envoyé jusqu'à Joinville, n'arrivèrent que le 21 à dix heures du matin, quoique l'action fût engagée depuis longtemps entre les deux armées, sur tout le vaste périmètre compris entre Saint-Denis et Neuilly-sur-Marne.

Ces bataillons étaient les 10e, 88e, 149e et 239e; le 10e bataillon (commandant Thorel) détaché du 3e régiment, les trois autres formant le 20e régiment de marche (lieutenant-colonel de Queveauvilliers). Ces corps faisaient également preuve de bon vouloir; aussi se rendirent-ils sans hésitation à l'ordre du commandant supérieur leur prescrivant de prendre lestement possession des cantonnements qui leur étaient affectés, puis de détacher leurs compagnies ou sections de grand'garde ou de soutien, et enfin de prendre place à leur rang de bataille dans les positions de combat.

Le lieutenant-colonel Belleville se chargea d'assurer l'exécution de ces ordres et d'intercaler chacun de ces bataillons entre deux bataillons de mobiles, le 88e entre le 6ᵉ bataillon de Seine-et-Oise et le 1ᵉʳ de l'Hérault, le 10ᵉ entre les 1ᵉʳ et 2ᵉ bataillons de l'Hérault, le 239ᵉ entre nos 2ᵉ et 3ᵉ bataillons, le 149ᵉ restant en réserve dans le Parc.

Le lieutenant-colonel Abraham était pourvu du commandement des deux bataillons de la droite, entre Port-Créteil et Adamville ; le lieutenant-colonel Belleville prit celui des deux suivants, répartis sur la zone d'Adamville à Lavarenne-Saint-Hilaire ; le colonel de Queveauvilliers venait à la suite pour repousser toute attaque provenant de Champigny, tandis que le commandant Vincens, ayant en main son bataillon (Lodève) et le 149ᵉ de garde nationale, se tenait en réserve à la station du Parc, en s'établissant fortement sur la ligne du chemin de fer.

Ces dispositions furent à peu près inutiles.

L'infanterie passa la journée sous les armes, dans l'attente des événements, sans ouvrir ses cartouchières, pendant que les avant-postes se chargeaient de faire rebrousser chemin aux groupes ennemis qui se laissaient voir dans les directions de Champigny et de Bonneuil.

Quant à l'artillerie de la Boucle, elle dirigea son tir, pendant une partie de la journée, contre une batterie prussienne qui, placée auprès de Noisy-le-Grand, cherchait à débusquer nos troupes de la villa Evrard, dont elles venaient de s'emparer, et contribua avec Nogent à la démonter.

Elle gêna dans leur marche les convois qui se montrèrent sur les hauteurs de Chenevrières, se dirigeant en toute hâte sur le théâtre de la lutte, et les obligea, tout au moins, à décrire de plus grands contours avant d'arriver à destination.

Les commandants supérieurs de Créteil, de Poulangis

et celui de la Boucle, échangèrent pendant toute la journée des télégrammes pour se signaler les uns aux autres leurs observations individuelles, de telle sorte que les réserves de chacun d'eux étaient portées toujours d'avance sur les points menacés.

On sait que l'entreprise du général en chef n'aboutit, comme de coutume, à d'autres résultats qu'un brillant fait de guerre de plus, et que la température sibérienne qui survint si mal à propos, pendant et après les journées des 21 et 22 décembre, entrava le progrès de nos opérations offensives.

Il y avait eu de nombreux cas de congélation dans les corps de troupe engagés au Bourget, au Drancy, à Bondy, et la terre, durcie par les fortes gelées, portait obstacle à l'exécution des immenses travaux de terrassement projetés.

L'armée rentra dans ses quartiers, après avoir beaucoup souffert.

Les défenseurs de la Boucle furent moins maltraités, à cause des abris que leur offraient nos tranchées, où chacun pouvait, de temps à autre, à la chaleur d'un bon foyer, se refaire des misères éprouvées et se préparer à en supporter de nouvelles. Aussi aucun accident occasionné par l'abaissement subit de la température ne se produisit-il dans les bataillons de l'Hérault.

A la suite de ces affaires, et pendant une période de trois semaines environ, ce fut surtout avec les souffrances occasionnées par un hiver terrible que l'armée de Paris fut aux prises. Les corps détachés à titre permanent hors de l'enceinte eurent, plus que les autres, à se plaindre des rigueurs de la saison. Les circonstances climatériques nous suscitaient, en outre, des sujets de préoccupations constantes.

Autour de la presqu'île de la Marne, les charrois des glaces menaçaient nos ponts de bateaux, dont la conservation n'était assurée que grâce à des soins de tous les instants.

Des estacades commencées en amont de Port-Créteil durent être abandonnés, le travail étant impossible à poursuivre dans de telles conditions. De là, la nécessité de replier et de rétablir à tout instant les tabliers des ponts et de veiller jour et nuit sur ce précieux matériel.

Malgré les précautions prises, le pont de Joinville fut enlevé dans la matinée du 25 décembre. Toutes les communications de la brigade d'André étant ainsi détruites, celle-ci se trouva pendant quelques heures dans une situation des plus critiques. Grâce cependant aux dispositions prises dans la boucle de la Marne et au dévouement des mobiles de l'Hérault ou de Seine-et-Oise, secondés par les ouvriers du génie auxiliaire de la redoute de Saint-Maur, les bateaux furent ressaisis et ramenés bientôt à leur point de départ.

Ce sauvetage fut effectué sous le tir de l'ennemi.

Après avoir été toujours l'objet de nos attaques, les Prussiens se décidèrent cependant à prendre l'offensive contre nos lignes retranchées.

Le 27 décembre, à dix heures du matin, un télégramme du général Ribourt informa le commandant supérieur que les Prussiens, appuyés par de nombreuses batteries, entreprenaient l'attaque du plateau d'Avron, des forts de Rosny et de Noisy. Il recommandait en même temps de se tenir bien en garde sur tous les points de la Boucle. Une seconde dépêche, datée de onze heures vingt-cinq, le même jour, corroborant la première, signala la marche d'une forte colonne ennemie qui, passant sous Noisy, paraissait se diriger sur Joinville.

Le colonel reçut des avertissements analogues de la part du commandant supérieur des troupes cantonnées au Tremblay et à Poulangis.

Les dispositions furent adoptées en conséquence dans la presqu'île, et toutes les troupes prirent une nouvelle fois leurs positions de combat, avec les changements en rapport avec les éventualités prévues, tandis que nos bouches à feu de la redoute faisaient converger leur tir sur les assaillants. Elles lancèrent de formidables bordées contre les têtes de colonne aussitôt qu'elles apparurent à l'horizon, et les obligèrent plusieurs fois à se retirer.

Le même jour, la série des mots d'ordre fut changée par le gouverneur de Paris, qui avait toute raison de présumer qu'elle était connue des ennemis. Cet événement donna matière à une série d'alertes sur toute la ligne des avant-postes de l'armée française, pendant la nuit du 27 au 28.

Les prises d'armes n'étaient pas chose rare, du reste, depuis un certain temps, et chacun dut se maintenir, par la suite, sur un qui-vive perpétuel jusqu'à la fin du siége. L'on entendait distinctement travailler l'ennemi, du soir jusqu'au matin, partout où, pendant le jour, il eût été inquiété par notre tir. Il ouvrait, en se rapprochant toujours de nous, de nouvelles tranchées pour s'abriter;

des épaulements nombreux pour ses batteries, toutes fortement blindées et multipliées, en face et sur le flanc de nos positions. De pareilles dispositions laissaient pressentir que le bombardement commencé contre les forts de l'Est allait gagner de proche en proche tout le front de l'enceinte. Selon les règles ordinaires de la guerre, l'on pouvait conclure qu'une attaque de vive force succéderait à une pluie de fer et de feu sur les points jugés les plus faibles ou les moins bien gardés.

La journée du 28 s'écoula dans les mêmes conditions que la précédente. Dans la soirée, le gouverneur ordonna l'évacuation du plateau d'Avron, après avoir constaté que son artillerie n'avait pas l'efficacité suffisante pour répondre aux canons Krupp qui lui étaient opposés. Ce modèle de bouches à feu n'admettait pas de réplique de la part des nôtres. Des mesures de prudence analogues furent bientôt ordonnées à l'égard de la redoute de Saint-Maur, c'est-à-dire dès que le général en chef fut avisé que les coteaux de Chenevrières étaient pourvus de cet armement formidable.

Conformément à ses ordres, nos redoutes furent désarmées dans la journée du 29 décembre. Pendant que l'on procédait à l'enlèvement des canons dans la presqu'île de la Marne, la brigade d'André recevait l'ordre de se replier jusqu'à Vincennes, après avoir évacué Poulangis et le Tremblay : ce mouvement nous découvrait absolument sur notre gauche jusqu'à Joinville-le-Pont.

Des mesures de précaution exceptionnelles devenaient indispensables à prendre sur ce point, attendu que les Prussiens avaient eu connaissance de ce déménagement précipité. Presque aussitôt son accomplissement, ils s'étaient portés en forces, et en toute hâte, dans les cantonnements de la brigade d'André, et même jusqu'à la tête du pont de Joinville, où leurs éclaireurs échangèrent des coups de fusil avec nos sentinelles extrêmes.

Le lieutenant-colonel Abraham, délégué pour surveiller spécialement cette zone, fit replier sur la rive droite le pont de bateaux dont la brigade d'André n'avait pas supprimé le passage à la suite de son mouvement de retraite. Il fit barricader et occuper fortement, de notre côté, la culée de l'ancien pont de pierre, afin qu'il ne pût être rétabli sans combat. Ces diverses opérations, effectuées sous le feu de l'ennemi, ne furent pas exemptes de dangers ; mais nos lignes de tirailleurs, établies dans de bonnes positions, tinrent les Allemands à distance telle, que ceux-ci brûlèrent leurs cartouches sans résultat aucun.

Le bombardement commencé contre le plateau d'Avron et le fort de Rosny ne devait plus cesser. Il s'étendait graduellement et, passant par Nogent, il gagnait vers le sud-est. Le tour de la presqu'île allait bientôt arriver.

Quelques légitimes que fussent les motifs du désarmement de la redoute Saint-Maur, le commandant supérieur ne pouvait admettre cependant que des positions aussi importantes que celles qu'il était chargé de conserver et auxquelles, avec juste raison, le Gouvernement ajoutait beaucoup de prix, fussent totalement dépourvues de l'un de leurs moyens les plus puissants de défense.

Le moral des troupes d'infanterie se ressentait, dans une certaine mesure déjà, du retrait absolu de nos pièces ; aussi le colonel insistait-il journellement auprès des généraux pour réclamer son ancien matériel, et continuait-il, de concert avec le commandant de Mirandol, à faire exécuter, tant dans la redoute de Saint-Maur que sur d'autres points de la Boucle, des terrassements et des blindages destinés à dissimuler et à abriter les pièces. Un appoint de forces en artillerie paraissait d'autant plus nécessaire, depuis l'évacuation de Poulangis, que notre unique ligne de retraite par la gorge de la presqu'île se trouvait menacée.

A tout prix, Joinville devait être préservé d'une occupation par l'ennemi.

A force de prières et de sollicitations, le colonel obtint gain de cause, ainsi que le témoigne la lettre suivante que le général commandant supérieur de Vincennes lui écrivait en fin décembre. Nous la reproduisons à titre de document qui dépeint exactement quelle était, à cette époque, la situation délicate des défenseurs de la presqu'île.

« Mon cher Colonel, je crois vous avoir dit les raisons
» qui avaient déterminé le gouverneur à désarmer la
» Boucle de son artillerie. La phase nouvelle dans laquelle
» vient d'entrer l'attaque lui a fait craindre que vous ne
» fussiez attaqué avec des pièces à longue portée, et qu'à
» un moment donné vos grosses pièces de marine, d'un
» transport difficile, ne fussent compromises. Les raisons
» que vous exposez, dans un sens contraire, ont beaucoup
» de sérieux, et je les ai fait valoir avec d'autant plus
» d'autorité que votre opinion est aussi la mienne. Le
» gouverneur les a comprises et a bien voulu s'y rendre
» dans une certaine mesure. J'ai donc obtenu de lui que
» l'on vous rendrait un certain nombre de pièces de douze

» qui battront dans les directions convenables et pour-
» ront, sans aucun risque, suivre les mouvements des
» troupes et se retirer avec elles, s'il y a jamais lieu.

» Le gouverneur désire que, dans ces conditions, le
» système de défense de la Boucle, et en particulier celui
» de la redoute en cours d'exécution en ce moment, soit
» promptement terminé et complété de manière à rendre
» votre position pour ainsi dire *inexpugnable*. Je vous
» prie de continuer à vous entendre à ce sujet avec le
» commandant de Mirandol ; j'ai donné de mon côté les
» ordres nécessaires au chef du génie militaire, capitaine
» de Peyronnie.

» Recevez, mon cher Colonel......, etc.

» *Le Général commandant supérieur de Vincennes,*
» RIBOURT. »

Monsieur le Colonel de Montvaillant, commandant supérieur de la brigade de Saint-Maur.

Le même général, s'appesantissant mieux encore sur ce sujet, s'exprimait en termes plus explicites au commencement de janvier :

« Je suppose qu'à l'heure où je vous écris, disait-il,
» vous êtes rentré en possession de vos pièces de douze
» rayées et que vous pourrez, avec cela, inquiéter, tant
» en avant de Poulangis que sur les pentes de Chéne-
» vrières, les travaux et les mouvements ostensibles de
» l'ennemi, qui vous portent si fort sur les nerfs.

» *La Boucle est la dernière position que l'on songera
» jamais à évacuer.* C'est, du reste, l'une des plus fortes
» par elle-même, et les travaux qui s'y font dans ce mo-
» ment doivent la rendre inaccessible aux Prussiens.

» Répétez au commandant du génie que le gouverneur
» tient beaucoup à ce qu'ils soient bien et vite terminés.

» J'ai écrit au général Bertin pour le prier de vous
» donner quelques estafettes de plus, car je reconnais
» que le nombre de celles dont vous disposez est insuffi-
» sant pour la surveillance à faire exercer dans la zone
» de votre commandement.

» Recevez, mon cher Colonel........, etc.

» *Le Général commandant supérieur de Vincennes,*
» RIBOURT. »

Chacun comprendra, par la lecture de ces extraits de lettres officielles, à quel point la position de la Boucle de la Marne était importante. Son évacuation eût amené celle de Créteil, et successivement aussi, peut-être, celles de Vitry et de Villejuif, qui cessaient d'être tenables du jour où l'ennemi aurait pu en enfiler les tranchées par des feux de flanc.

Les fatigues de plus en plus grandes auxquelles les défenseurs de la presqu'île étaient assujettis, puisqu'il y allait de leur honneur à se maintenir dans leurs positions; les privations progressivement sensibles imposées quant au régime matériel, et l'abaissement persistant de la température, avaient altéré quelque peu la bonne humeur des gardes mobiles de l'Hérault, dès les derniers jours de décembre.

Il était impossible de les faire manœuvrer par des froids semblables, et c'eût été dangereux d'ailleurs de les rassembler pour des exercices, sous la gueule des canons de Chenevrières. Le manque d'occupations et de nouvelles du village natal occasionnaient, chez quelques-uns de nos jeunes gens, des symptômes de nostalgie, et chez tous cette lassitude d'esprit particulière qu'engendre le désœuvrement. Dans l'état moral où ils se trouvaient, il importait essentiellement de les distraire.

Le chef de corps imagina d'utiliser, pour leur récréation, la jolie salle de spectacle du village d'Adamville, et, les artistes ne faisant pas défaut parmi les mobiles, il put, avec le concours des officiers, organiser quelques soirées musicales, qui se renouvelèrent deux fois par semaine, tant que le bombardement de la presqu'île n'apporta pas obstacle à ces réunions nombreuses.

Les représentations n'eurent pas toujours un caractère purement frivole. Celle du 31 décembre fut l'occasion d'une quête générale au profit des blessés de terre et de mer, dont le produit, s'élevant à plus de 600 fr., fut versé, quelques jours après, à la caisse de la Société de secours aux combattants de l'Hérault, dont le siége se tenait à Paris.

Lorsque la prudence nous eut contraint plus tard à mettre un terme à ce genre de plaisirs, assez apprécié des hommes, ceux-ci eurent encore quelques accès d'impatience, dont il convient d'attribuer la cause principale à leur éloignement trop long du foyer domestique. Ne se rendant pas bien compte sans doute de l'origine de leurs idées noires, et ne sachant à qui s'en prendre, il leur vint à l'esprit d'accuser le chef de corps d'être la cause de leur séjour prolongé hors de Paris, lorsque leur tour était venu d'y rentrer, disaient-ils, et d'aller au Louvre occuper les casernes préparées pour eux.

Quoiqu'il soit presque puéril de réfuter à l'heure actuelle de pareilles suppositions, il nous sera permis de dire que, fataliste dans une certaine mesure, le chef de corps eut toujours pour principe de subir sa destinée, sans chercher à l'entraver d'aucune manière, surtout lorsqu'à ses résolutions était subordonnée, comme alors, la responsabilité de la vie des hommes placés sous ses ordres.

Il n'a donc jamais demandé ni le maintien de la garde mobile de l'Hérault dans la presqu'île de Saint-Maur, ni son changement.

Il peut se faire que, sans avoir tenté aucune démarche dans le sens d'une prolongation de séjour du régiment dans la Boucle, il ait été la cause indirecte des résolutions adoptées à cet égard par le général en chef. Le colonel étant investi du commandement supérieur d'un secteur externe de l'enceinte, l'un des plus difficiles à bien connaître dans tous ses détails topographiques et l'un des plus importants, il peut se faire, disons-nous, que pareille considération ait entravé son déplacement personnel et, par suite, celui des troupes de son ressort. On ne peut, en effet, passer le commandement territorial à tout propos, de main en main, devant l'ennemi, sans compromettre le succès des opérations de la défense.

Il est donc permis d'admettre que le séjour du régiment *extra-muros* ait pu se prolonger pour cette cause au delà de celui de certains autres, dont les chefs de corps ne se trouvaient pas dans les mêmes conditions[1].

---

[1] Il fut question vers le 5 ou le 10 janvier, dans les sphères gouvernementales, délibérant peut-être un peu trop parfois sous la pression de l'opinion publique, mais incontestablement inspirées toujours par un grand dévouement au bien du pays, d'élever au grade de général de brigade quelques jeunes colonels de l'armée, en faisant une certaine part à ceux de la garde mobile. Trois de ces

S'il en était ainsi, le colonel s'estimerait heureux d'avoir été l'auteur involontaire du fait incriminé, puisque cette vie au grand air a assuré la bonne santé des mobiles de l'Hérault, répartis dans les meilleures cantonnements autour de Paris, avec du bois à profusion, et pourvus encore de ressources alimentaires épuisées sur les autres points. Ils n'étaient pas trop à plaindre après tout [1].

Quelques promotions dans le corps des officiers eurent lieu, en fin décembre, par décret du pouvoir exécutif, sur propositions régulières.

derniers (Tarn, Finistère, Hérault, croyons-nous), qui exerçaient depuis plus de deux mois les attributions du grade supérieur, en présence de l'ennemi, et s'en étaient acquittés à la satisfaction du commandant en chef, furent désignés pour bénéficier de cet avancement.

Le conseil des ministres avait approuvé la mesure, lorsqu'avant de promulguer le décret relatif à cette promotion, le gouverneur de Paris crut devoir en référer à l'avis de quelques-uns de ses collègues de l'état-major général de l'armée.

Ayant rencontré de leur part une résistance inattendue, quoique facile à prévoir — puisque aucun d'eux ne pouvait ignorer qu'en réclamant un rajeunissement des têtes de colonne, extraites pour la plupart du cadre de réserve, la population parisienne imputait bien injustement à leur manque de vigueur nos échecs constants depuis l'investissement — le général Trochu n'osa passer outre, et le décret fut provisoirement ajourné.

Bientôt après, le siège étant arrivé à son terme, il ne fut naturellement plus question de ces promotions exceptionnelles.

[1] Il résulte de renseignements précis que la garde mobile de l'Hérault est celui des corps de l'armée de Paris qui a le moins souffert des maladies. Si le chiffre des cas de mortalité est resté aussi restreint, cela doit être surtout attribué aux conditions d'hygiène et de bien-être relatif dans lesquelles ce régiment s'est trouvé au parc

Le système des élections en fait d'avancement était enfin ruiné !

M. le sous-lieutenant Lisbonne fut promu au grade de lieutenant ; MM. les sous-officiers Théron, Delhon et Serène, furent nommés sous-lieutenants.

D'autres récompenses honorifiques, plus précieuses peut-être, furent accordées à peu près en même temps au régiment. M. le lieutenant-colonel Belleville fut promu chevalier de la Légion d'honneur, entre autres nombreux motifs à l'occasion de sa belle conduite au combat du Drancy. La médaille militaire fut attribuée aux gardes Cathala, du 1er bataillon ; Dainat, du 2e bataillon, et au sergent Teissier (Henri), du bataillon de Montpellier.

En prévision du bombardement, qui devait nous atteindre à notre tour, et pour obliger les hommes à se créer des occupations, ordre leur fut donné de préparer les caves dans lesquelles ils auraient à se réfugier bientôt, pour se garantir des projectiles de l'ennemi.

Tous les sous-sols des maisons furent disposés en conséquence, c'est-à-dire étayés solidement, et, autant que possible, recouverts de couches alternatives de terre et de fumier, sur une épaisseur variant de soixante-dix à quatre-vingts centimètres, épaisseur suffisante pour préserver de tout danger éventuel.

La vigilance redoublait en même temps sur les bords de la Marne, dont la nappe d'eau tendait chaque jour à

Saint-Maur. Que de victimes en plus et que de deuils par l'effet des épidémies n'eussions-nous pas eu à déplorer, si les vœux imprudents de quelques impatients avaient été exaucés alors !

se congeler tout à fait. L'œil ne distinguait plus qu'un mince filet de courant, à la hauteur des îles ; or si, en de telles circonstances, c'eût été folie de la part de l'ennemi de tenter une attaque importante en deçà de la rivière, par contre il devenait aisé aux Allemands d'entreprendre de hardis coups de main au delà de leurs lignes, puisque toutes les îles étaient en leur pouvoir. Depuis longtemps, ils s'occupaient à s'y installer solidement et à se rapprocher ainsi de nos avant-postes.

Ceux-ci dans leurs rapports, et les officiers de ronde, signalaient sans cesse les progrès d'établissement de l'ennemi, malgré nos efforts tentés pour les entraver.

La défiance à son égard devenait d'ailleurs générale tout autour de Paris, ainsi qu'il résulte d'une circulaire du général Trochu, en date du 1er janvier, prescrivant aux grand'gardes de redoubler d'attention et de se conformer aux prises d'armes sagement ordonnées par les règlements sur le service en campagne.

Pour être conséquent avec ces appréhensions, il eût fallu laisser les mêmes troupes toujours affectées à la garde des mêmes positions, tandis que l'organisation des bataillons de marche de la garde nationale entraînait leur rentrée dans Paris après un service de dix jours aux avant-postes.

Contrairement à leur gré, les 10e, 88e, 149e et 239e bataillons furent relevés, le 4 janvier, par les 150e et 182e bataillons, fournis par le 54e régiment (lieutenant-colonel [1].....). Cette réduction dans l'effectif des troupes

---

[1] Le nom du lieutenant-colonel commandant le 54e régiment échappe aujourd'hui à nos souvenirs.

mises à la disposition du commandant supérieur l'entraîna à remanier toutes les mesures de la défense.

Deux compagnies des mobiles de l'Ain furent détachées de leur corps, campé à Vincennes, pour assurer spécialement la garde du pont de Joinville.

L'installation des 150° et 182° bataillons fut laborieuse. Tandis que les avant-postes de ces corps prenaient position à droite et à gauche de Lavarenne-Saint-Hilaire, reliant ainsi le 2º bataillon de l'Hérault au 1ᵉʳ et au 3º du même département, ils furent assaillis par un feu bien nourri de mousqueterie. Le colonel et le lieutenant-colonel, qui présidaient à cette installation, furent obligés d'en suspendre deux fois le cours, pour la terminer tard dans la soirée, alors que l'obscurité nuisait absolument à la justesse du tir de l'ennemi; mais ces bataillons ne furent pas médiocrement surpris de se voir accueillis de la sorte.

Les Prussiens, qui avaient retourné contre nous les tranchées creusées dans la presqu'île de Poulangis, et que le silence de notre artillerie rendait plus entreprenant, s'avisèrent de vouloir créer, sur les bords de la Marne, en un point intermédiaire entre le barrage établi en aval du canal et la redoute de Saint-Maur, une espèce de blockhaus dont la construction, poursuivie avec ténacité, menaçait nos flancs et nos derrières. Le manque de toute artillerie dans la Boucle, lorsque ce travail avait été ébauché, et plus tard la direction presque verticale du tir, demeuré sans effet contre cet ouvrage, permettaient aux Allemands de poursuivre leurs travaux presque librement. Le danger résultant de la construction de cette citadelle se révélait d'autant plus sérieux, qu'elle acquérait chaque jour, par sa hauteur et par ses annexes, des proportions formidables.

Sa consistance était calculée de façon à braver plus tard nos plus gros projectiles. L'ennemi donnait aux épaulements une épaisseur énorme, et blindait avec soin le revêtement et la couverture de cet ouvrage, en attendant de démasquer des embrasures prenant jour dans la direction de toutes les voies aboutissant au village de Joinville.

Ce travail se poursuivait sans relâche, malgré le feu de nos tirailleurs, qui prenaient position sur la rive droite avant le déclin du jour, avec des points de repère choisis d'avance pour ajuster leurs armes, pendant la nuit, dans les conditions d'efficacité les meilleures.

Longtemps ces dispositions ne servirent à rien ; à la longue pourtant, les détonations de nos armes furent suivies de cris de douleur révélant que nos soldats avaient frappé juste. — Le succès ayant été le même encore le lendemain, les travaux furent interrompus sur ce point. Un résultat important parut acquis.

Les brouillards continuels qui planaient sur ces bas-fonds vinrent également en aide à l'ennemi pour l'ouverture des tranchées, dont il poursuivait le tracé tout autour de la Boucle. A Champigny, à Ormesson, entre Ormesson et Bonneuil, d'énormes terrassements, dissimulés avec du branchage de pin et des abatis, apparaissaient subitement à l'horizon, indiquant les emplacements de nouvelles batteries d'artillerie destinées à croiser leurs feux sur la presqu'île.

Après un temps d'arrêt de quelques jours, l'achèvement du blockhaus fut également repris.

Le commandant supérieur ne pouvant, avec les moyens impuissants dont il disposait, entraver l'exécution de ces derniers travaux, réclama le concours de l'artillerie de la Faisanderie et de Nogent ; mais ce dernier fort, violemment bombardé, n'était pas en état de nous venir en aide. Toute assistance fit également défaut de la part de la Faisanderie, placée dans une situation topographique défavorable pour distinguer les points à battre avec ses pièces ; l'état de l'atmosphère eût d'ailleurs neutralisé ses bonnes intentions. Pour remédier à cette situation délicate, le colonel réclama des mortiers de 24 au général en chef ; mais le siége se termina sans que cette demande ait jamais reçu la suite qu'elle comportait. Il était hors de doute que quelques bombes bien dirigées, arrivant au cœur du redoutable retranchement, eussent produit une cause de destruction suffisante, sinon complète.

Nos pièces d'artillerie, au nombre de deux batteries complètes de 12 rayées, étaient enfin arrivées. Pour ne pas les compromettre inutilement, ordre fut donné de les abriter dans le village de Saint-Maur, en attendant une occasion d'en tirer parti efficace. Les mettre immédiatement en position en face des canons à longue portée, c'eût été consentir à les sacrifier sans utilité, puisque, pour les soustraire en temps opportun à l'effet d'un tir semblable, il nous eût fallu tout au moins des attelages. Or, par suite des exigences de l'alimentation publique, les chevaux devenaient rares dans Paris ; il était très-difficile de les obtenir même pour des services plus importants encore [1].

Cette circonstance empêchait de faire grand usage des bouches à feu accordées pour la défense de la presqu'île, puisque, pour les utiliser, il eût fallu pouvoir les porter à l'improviste sur tels ou tels points pour lancer quelques bordées sur les groupes de travailleurs allemands, et les retirer ensuite en toute hâte, avant qu'elles ne servissent elles-mêmes de point de mire aux batteries de l'ennemi.

Le 5 janvier, se produisit une nouvelle alerte très-sérieuse. Le commandant supérieur avait été prévenu, par une dépêche de nuit, qu'une attaque sur Rosny et Nogent paraissant imminente, il eût à veiller avec le plus grand soin de ce côté, et à renforcer les compagnies qui protégeaient l'accès de Joinville.

Un bataillon de renfort fourni par l'Hérault fut tenu

---

[1] Le général Ribourt écrivait, le 8 janvier, au commandant supérieur :

« Mon cher Colonel,

» Je comprends très-bien votre désir d'avoir des attelages pour
» vos pièces, et l'utilité dont ils vous seraient ; mais il n'est pas
» facile de satisfaire à cette demande, et vous n'êtes pas le seul
» dans ce cas : les batteries de Créteil et de Maisons-Alfort réclament
» ment comme vous des chevaux. A Vincennes même, où la direc-
» tion d'artillerie est chargée de pourvoir aux approvisionnements,
» non-seulement des forts, mais de l'enceinte, nous sommes réduits
» à seize chevaux. J'ai parlé des besoins de chacun au gouverneur,
» au général commandant l'artillerie, au général Pélissier ; tous
» me répondent invariablement : « Il est presque impossible de trou-
» ver des attelages maintenant ; les chevaux manquent ; nous ver-
» rons .... etc. »

» Je ne me lasserai pas de demander, mais j'ai peu de chances prêt à se porter sur ce point, et toutes les troupes prirent les armes.

Le bombardement de la presqu'île commença le lendemain, 6 janvier, dans l'après-midi. Modéré pendant les premières heures, il se poursuivit avec une intensité graduelle, et sans désemparer, jusqu'à la fin du siége. Au bout de douze à quinze jours, le tir se calma dans une certaine mesure; mais il ne cessa plus, en réalité, jusqu'au 26, à minuit, moment où le vacarme de l'artillerie prussienne s'arrêta brusquement tout autour de l'enceinte, comme à un signal donné.

Les Prussiens choisissaient surtout pour objectifs tous les bâtiments qu'ils supposaient occupés par la troupe ou le matériel, et particulièrement les maisons dans lesquelle nos grand'gardes avaient l'habitude de se tenir.

Ils tiraient encore sur les groupes qui se montraient dans l'une quelconque des nombreuses avenues qui aboutissent à la Marne, et l'on conçoit combien, du haut des hauteurs d'où ils nous guettaient, il leur était facile de suivre nos mouvements dans la plaine.

Dès les premiers obus dirigés contre eux, les hommes

» de réussir, et pour cause. Il faut donc vous résigner à vous servir
» de votre artillerie dans les conditions actuelles, et vous estimer
» encore heureux d'avoir pu la conserver. Si elle ne vous rend pas
» tous les services que vous seriez en droit d'en attendre avec des
» attelages pour rendre la défense plus mobile, elle peut vous être
» dans beaucoup de cas d'une grande utilité. Enfin il faut faire
» pour le mieux, en attendant des conditions meilleures. »

» *Le Général commandant supérieur de Vincennes,*
» Ribourt. »

prirent possession des caves ; mais, ne s'y trouvant pas commodément, ils rentrèrent tous successivement dans leurs installations premières, en réservant l'usage de ces abris pour des périodes plus terribles de bombardement. Ils étaient devenus déjà si complétement indifférents au sifflement des projectiles et aux détonations, qu'ils circulaient à découvert sans s'astreindre à des précautions autres que celle de ne pas se grouper.

Malgré tous nos conseils, ils péchèrent souvent par imprudence en alimentant dans leurs habitations de grands feux, qui produisaient pendant la nuit de fortes gerbes d'étincelles, propres à servir de points de mire pour le tir. On eut toutes les peines du monde à faire supprimer la lumière aux fenêtres exposées du côté de l'ennemi, qui offraient des inconvénients analogues.

La topographie de la Boucle, par rapport aux positions dominantes occupées par les Allemands, inspirait aux autorités militaires locales toutes les mesures de précaution recommandées par les règlements, toutes les fois que des rassemblements de compagnie étaient indispensables, soit pour les corvées, soit pour d'autres causes.

Les réunions s'opéraient à l'abri des tranchées ou des habitations et, autant que possible, pendant la nuit. La sécurité des hommes n'était toutefois que relative, même dans de pareilles conditions, surtout celle des travailleurs, occupés à terminer nos derniers retranchements.

Dans les positions où ils se croyaient dérobés entièrement aux regards de nos redoutables voisins, ils étaient fréquemment encore l'objet d'un tir précis d'artillerie ; s'ils changaient de place pour se porter plus loin, les obus éclataient à leurs trousses et les obligeaient à se disperser.

Comment l'ennemi avait-il connaissance de ces mouvements ? on l'ignore ; toujours est-il que, lorsque nos corvées abandonnaient des positions devenues intenables pour se porter sur d'autres points, tantôt à travers bois, et tantôt en arrière des maisons ou des murs de clôture, le tir dirigé contre eux était aussitôt rectifié, et parfois avec une promptitude surprenante. N'était-ce pas la meilleure preuve d'un espionnage opéré sur une vaste échelle au profit des Allemands ?

Les corps de bâtiment dans lesquels nos grand'gardes s'établissaient furent tous percés à jour successivement ou incendiés, malgré l'échange presque journalier de leurs emplacements. Les constructions où se tenaient tour à tour ou simultanément celles du 3º bataillon, c'est-à-dire le château de Champagnolles, la station du chemin de fer, la villa Bourbaki, etc., furent entièrement anéanties, et les compagnies abritées à l'intérieur ne durent leur salut qu'à la solidité des caves, parfaitement voûtées.

Le danger était grand sans doute pour les mobiles de l'Hérault, astreints quand même à se maintenir au milieu de ces ruines fumantes ; mais, sous aucun prétexte, la possession des approches du pont de Champigny ne pouvait être abandonnée !

L'ennemi maltraita presque au même degré les gîtes des grand'gardes placées au delà de Lavarenne-Saint-Hilaire, sans réussir à les déloger.

Du côté d'Adamville, les coups furent moins sérieusement portés ; mais nos postes avancés eurent, en revanche, à se tenir soigneusement en garde contre la fusillade du moulin de Bonneuil. Les créneaux dont ses murs étaient pourvus devinrent d'autant plus redoutables que, pour passer d'une maison à l'autre, nos hommes avaient à franchir de longs espaces vides. Chaque fois qu'il y avait lieu de relever les sentinelles, elles étaient assurées de servir de cible à l'infanterie prussienne.

Le village de Saint-Maur, celui de Joinville et nos travaux avancés de ce côté ne furent pas ménagés davantage par les projectiles des grosses pièces de l'ennemi ; mais la zone de la presqu'île où le bombardement se poursuivit avec le plus d'intensité est celle qui était comprise entre la Redoute et la batterie du Réservoir. Les obus éclataient sans désemparer dans ces retranchements, sans nous occasionner cependant de pertes.

Les artilleurs et les mobiles réfugiés dans les casemates de la Redoute, pouvaient s'y considérer comme à peu près garantis contre les accidents, et l'on réparait, au fur et à mesure qu'ils se produisaient, les dégâts survenus dans les épaulements. Plus tard, les choses changèrent de face, car des projectiles d'un volume extraordinaire ayant été lancés avec une puissance de pénétration énorme, suivant un tir parfaitement rectifié, des éboulements considérables se produisirent, et le blindage des casemates devint alors insuffisant. Il eût fallu donner cinq à six mètres d'épaisseur aux revêtements et aux traverses, pour en tirer le profit désirable, et absorber ainsi la majeure partie de l'espace libre de l'ouvrage.

Dès le premier jour du bombardemement de la redoute, le nombre des hommes préposés à sa garde avait été prudemment réduit au strict indispensable, et l'administration du télégraphe, dont les fils étaient rompus par les éclats d'obus, fut obligée de se transporter ailleurs. Après quelques hésitations, ce service fut réinstallé auprès de la station du parc ; l'expérience a prouvé depuis lors que ce point remplissait bien les conditions de sécurité voulues.

En attendant la pose des nouveaux poteaux et d'un fil direct sur Vincennes, l'échange des dépêches de service s'opéra par la Faisanderie ; mais cet état transitoire dura peu de jours, et bientôt après, sur la demande des commandants supérieurs de Créteil et de Saint-Maur, un second fil relia directement ces deux positions importantes.

Le 7 janvier, les deux compagnies de la mobile de l'Ain furent relevées au pont de Joinville par l'équivalent en infanterie de ligne, détaché de la division du général Mattat.

A la même époque, le gouverneur de Paris rendit plusieurs fois justice aux défenseurs de la presqu'île de Saint-Maur, mentionnée dans les bulletins comme l'un des points le plus sérieusement soumis au tir de l'artillerie ennemie.

Nous reproduisons textuellement les termes de ces citations flatteuses :

7 janvier. — Pendant une partie de la nuit et dans le cours de la journée, l'ennemi a lancé sans résultat ses obus contre les redoutes de Saint-Maur et contre les bâtiments qui avoisinent le pont de Champigny.

12 janvier. — La boucle de la Marne a été bombardée, mais sans grands accidents à signaler. — Un sous-lieutenant de la garde nationale a seul été tué aux avant-postes de ce côté.

13 janvier. — Dans la boucle de la Marne, toujours même bombardement violent et persistant, sans plus d'effet que les jours précédents. Le général commandant supérieur de Vincennes *se loue beaucoup* de la tenue sous le feu des troupes et de la garde nationale chargées de la défense de ce côté.

La mobile de l'Hérault avait sa part d'honneur dans ces citations à l'ordre général de l'armée.

Les bonnes nouvelles arrivées de province le 9 janvier produisirent sur le moral de l'armée de Paris la meilleure impression, et leur importance, intentionnellement exagérée par la délégation de Tours, occasionna des illusions complètes sur la puissance d'action des assiégeants.

L'attitude de ces derniers avait subi, du reste, un changement notable dans les derniers temps.

Les avant-postes allemands étaient sortis de leurs habitudes silencieuses et discrètes; ils opéraient avec une sorte de rage furieuse, qui paraissaient indiquer des mécomptes et du découragement de leur part. Après nous avoir reproché pendant longtemps de gaspiller nos munitions, ils se livraient eux-mêmes à un tel abus des leurs, qu'on eût dit qu'ils avaient hâte de les consommer pour ne pas les emporter.

Cette conviction devint générale dans Paris! Le général commandant supérieur de Vincennes appréciait la situation dans ce sens; le commandant supérieur de Créteil informait de son côté son voisin de Saint-Maur que les Prussiens passaient revue sur revue du côté de Mesly, où les hourras des troupes se faisaient entendre distinctement. Ces manifestations indiquaient que le roi, ou que l'un des princes ou généraux en chef, parcourait les lignes d'investissement, et chacun concluait avec plus ou moins d'à-propos que ces visites étaient faites dans le but de relever le moral des assiégeants. Bien d'autres renseignements, enfin, prêtaient matière à l'hypothèse d'une violente et prochaine attaque décisive, devant précéder la retraite de l'ennemi.

L'opinion du gouvernement était la même à cet égard. Une dépêche *confidentielle,* expédiée par le gouverneur de Paris à tous les généraux et officiers supérieurs pourvus de commandements, autorise tout au moins à le présumer.

Cette circulaire, qui porte la date du 11 janvier, était ainsi conçue :

« Le bombardement, commencé partiellement contre
» nos positions, a pris depuis quelques jours un dévelop-
» pement et une intensité qui semblent révéler chez
» l'ennemi le projet de tenter une attaque de vive force
» contre un ou plusieurs des points battus par son artil-
» lerie.

» Dans la période actuelle du siége, *et en raison de*
» *l'inquiétude que cause aux Prussiens la résistance éner-*
» *gique de nos armées à l'extérieur,* on peut croire qu'il
» est de tout intérêt pour l'assiégeant de tenter un
» grand effort à la suite de son action violente d'artil-
» lerie.

» D'autre part, la fête anniversaire du roi Guillaume a
» lieu lundi prochain, 16 janvier [1].

» Ces considérations imposent à la défense l'obligation
» de redoubler de vigilance. Il est nécessaire que les
» généraux et chefs de corps soient pénétrés que rien
» ne doit être négligé, en présence de ces éventualités,
» pour assurer efficacement la garde des positions qu'ils
» sont appelés à défendre.

» *Le Gouverneur de Paris,*
» Trochu. »

La vigilance de nos postes avancés redoublait donc de jour en jour, par une double nécessité qui s'imposait particulièrement à nous dans le moment.

S'il convenait de ne pas perdre de vue un seul mouvement de l'ennemi, et par suite de harceler sans cesse ses avant-postes, il importait au même degré de ne pas compromettre le passage, à travers les lignes prussiennes, des messagers du Gouvernement, M. et Mme Barthès, qui, pendant huit nuits consécutives, tantôt agissant seuls et tantôt avec le concours des mobiles de l'Hérault ou de Seine-et-Oise, tentèrent vainement de franchir le cordon des sentinelles prussiennes. Suivant les conseils du commandant supérieur de Saint-Maur, ils l'effectuèrent enfin, le 12 au soir, à Créteil, sans avoir eu à se préoccuper d'un passage de rivière tenté inutilement plusieurs fois. S'il leur avait répugné jusqu'alors de recourir à cette issue, c'est que des concentrations de troupes étaient signalées entre le Montmesly et Pompadour, se préparant de ce côté à une attaque contre nos positions.

---

[1] Cette indication était erronée: ladite fête tombe le 22 mars.

M. Barthès, que nous avons revu depuis la guerre, s'est félicité d'avoir suivi nos avis.

Parmi les consignes données aux avant-postes, rappelons celle qui recommandait d'éviter de tirer sur les chiens de berger attendus par l'administration des postes.

Nos gardes mobiles veillaient si bien à cette époque et apportaient tant de prudence dans le service de grand' garde, que l'ennemi, trompé par leurs allures, s'imagina un jour qu'ils avaient évacué leurs positions avancées sur les bords de la Marne.

Tandis que le 150ᵉ bataillon de la garde nationale perdait l'un de ses officiers, M. Étienne, victime de sa témérité, nos hommes, plus expérimentés, cessaient de se faire voir, et se corrigeaient en même temps de l'habitude de tirer inutilement.

C'était chose si extraordinaire qu'un régiment de mobiles invisible et silencieux, que les Prussiens eux-mêmes n'y voulurent pas croire. Ils jugèrent abandonnés les bâtiments dans lesquels, à Lavarenne-Saint-Hilaire et à Champagnolles, nos grand'gardes avaient été criblés d'obus.

Cette sécurité devait être fatale aux Allemands, et, comme on le verra bientôt, leur valoir une bonne leçon. Ce n'était pas d'ailleurs la première qu'ils recevaient de nos *moblots*.

Dans toutes les circonstances, où l'épaisseur du brouillard l'avait permis, des escouades de tirailleurs avaient été portées jusque sur les bords de la rivière, avec la consigne de profiter d'un moindre degré d'épaisseur de l'atmosphère pour découvrir les sentinelles de l'ennemi de l'autre côté de la Marne, et tirer sur elles à l'occasion. L'acte d'imprudence attendu de leur part se faisait parfois longtemps attendre ; mais elles finissaient par sortir de leurs cachettes, et ce moment était choisi pour les frapper.

Cette épreuve réussit fréquemment, tantôt sur un point et tantôt sur un autre de nos limites.

Des officiers stationnant imprudemment sur des terrasses de jardin et des groupes descendant les pentes du coteau de Chenevrières furent atteints par nos balles.

Nos grand'gardes de Bonneuil et de Champigny donnèrent aussi bien que celles de Lavarenne de nombreuses preuves d'adresse et de sang-froid.

Le 12 janvier, l'officier de grand'garde sur ce second point, M. Laurent, lieutenant au 3ᵉ bataillon de l'Hérault, mettait habilement à exécution les instructions générales données par le chef de corps pour harceler l'ennemi et le gêner dans ses travaux d'approche.

Les Prussiens avaient résolu, paraît-il, de nous rendre à peu près inaccessible, auprès de Champagnolles, l'accès de la barricade jetée en travers de la route de grande communication qui prend d'enfilade le tablier du pont de Champigny et la route de Bry-sur-Marne. Dans ce but, ils entreprirent d'élever eux-mêmes un épaulement blindé à l'extrémité de la dernière arche du pont restée debout de leur côté, c'est-à-dire à 35 mètres à peine de nos avancées.

S'imaginant sans doute que la disparition de la grand' garde de Champagnolles dénotait de notre part un abandon complet des bâtiments incendiés par eux, ils mirent subitement à l'œuvre l'équivalent d'une forte section de compagnie, sous la direction de deux de leurs officiers du génie.

La besogne fut commencée. Un premier voyage du personnel de corvée eut pour objet le transport de gabions et d'autres matériaux de construction. Il s'éloigna de nouveau pour chercher le surplus du nécessaire, laissant la surveillance des abords du pont à l'un des officiers et aux deux sentinelles qui s'y tenaient en permanence.

M. Laurent, qui guettait les mouvements de cette troupe et se rendait parfaitement compte de ses intentions, profita de son éloignement pour disposer ses hommes avec infiniment de précautions aux créneaux du mur qui longe la rivière, face à Champigny, après leur avoir fait les plus intelligentes recommandations.

Personne ne devait bouger, ni faire feu, quoi qu'il advînt, avant d'avoir entendu son commandement. Il importait, en effet, qu'un seul feu de peloton fût dirigé dans le tas prussien, lorsque personnellement il le jugerait groupé de la façon la meilleure pour assurer la plus grande efficacité du tir.

Les hommes firent preuve de plus de sang-froid qu'on ne devait s'y attendre de leur part, car la corvée de retour s'étant mise au travail, les gardes mobiles de l'Hérault, retenant leur souffle et absolument attentifs à la voix de leur chef, pressèrent tous en même temps la détente de leurs armes. Une détonation unique répondit au commandement *Feu!* prononcé par M. le lieutenant Laurent.

Les deux officiers allemands, cinq à six soldats tombèrent foudroyés, et le nombre des blessés ne s'éleva pas à moins de quinze à vingt. Les blessures reçues à bout portant ne pouvaient manquer d'être toutes graves et la plupart mortelles. La grand'garde entendit distinctement pendant une partie de la nuit les gémissements des moribonds ; car personne, paraît-il, n'osa de longtemps se porter à leur secours, tant l'accident éprouvé par l'ennemi, d'une manière inattendue, lui faisait craindre quelque nouvelle surprise désagréable. Au point du jour, cependant, les corps des victimes avaient disparu. On apercevait une vaste mare de sang là où elles étaient tombées.

Tant de précautions étaient superflues de la part de nos adversaires, M. Laurent s'étant empressé, en effet, de faire retirer ses hommes par une petite tranchée creusée en arrière du mur près duquel ils avaient pris place, puisqu'il fallait craindre qu'aussitôt l'événement connu, l'ennemi n'essayât de venger cet échec. Cet officier avait agi sagement ! De nombreux obus furent bientôt lancés sur l'emplacement de notre embuscade, et le tir de l'ennemi redoubla d'intensité de ce côté pendant les jours suivants.

Secondé par le feu de ses batteries de position, l'ennemi reprit cependant bientôt le travail de la barricade et parvint à l'élever. Il nous coûte de reconnaître qu'il n'y fût jamais parvenu néanmoins, si l'exemple d'intelligence et de dévouement donné par M. le lieutenant Laurent avait été suivi par tous les chefs de poste qui lui succédèrent à Champagnolles.

Quoi qu'il en soit, le régiment des mobiles de l'Hérault et le lieutenant Laurent furent mis à l'ordre du jour de l'armée de Paris, pour ce fait d'armes, qui leur faisait le plus grand honneur.

Le pont de Champigny n'était pas le seul point sur lequel l'attention du commandement fût constamment sollicitée.

Les accès de Lavarenne réclamaient une surveillance non moins active.

Le mode de cantonnement des troupes établies à Lavarenne-St-Hilaire rendait leur concentration difficile ; c'était, en outre, de tous les corps les plus éloignées de leur ligne de retraite. Enfin l'on pouvait appréhender toujours une attaque de l'ennemi par le pont de Chenevrières, dont les approches lui étaient particulièrement aisées.

En prévision d'événements, un poste d'observation avait été installé depuis longtemps à l'extrémité de Lavarenne-St-Hilaire, dans la dernière maison située au nord de la Marne, juste au débouché du pont. Depuis le commencement de janvier, un officier du régiment, accompagné de deux sous-officiers de son bataillon, se rendait tous les jours dans ce refuge pour observer l'île de Chenevrières, et tous les mouvements de l'ennemi sur la rive gauche.

Pour mieux échapper à la vue des Prussiens, notre vigie prenait son service avant le jour, et, pour les mêmes raisons, elle demeurait en place jusqu'à la nuit close ; car il eût été absolument imprudent de sa part de laisser soupçonner sa présence dans ces parages. Tout au plus cet officier pouvait-il passer de cette maison dans deux ou trois autres maisons voisines, se raccordant entre elles, en longeant un petit mur de hauteur suffisante pour défiler un homme rampant sur le sol ; mais c'était folie que de s'aventurer au delà de ces constructions, ou de revenir en plein jour sur ses pas. Les sentinelles ennemies réparties en nombre considérable au pied du coteau de Chenevrières, dans une tranchée profonde, criblaient de balles quiconque s'acheminait ostensiblement dans cette direction, à travers les espaces vides.

Le commandant du génie et un capitaine du 1er bataillon des mobiles de l'Hérault, qui se hasardèrent une fois à marcher à découvert de ce côté, précisément en vue de procéder à l'examen du tracé des fossés restant à creuser pour permettre, sans danger, l'accès du poste d'observation, durent passer l'après-midi entière, dissimulés en arrière d'une maçonnerie et à cent pas l'un de l'autre. Aussitôt qu'ils cherchaient à se retirer ou tout au moins à se réunir, ils étaient l'objet d'une fusillade de nature à les dissuader de toute tentative semblable.

L'occupation même du poste d'observation offrait les plus grands périls, l'ennemi ayant contracté l'habitude de le cribler de mitraille, ainsi que les maisons voisines. Toujours sur ses gardes, il dirigeait plusieurs fois par jour le feu de son artillerie de ce côté, avec l'espoir de les ruiner ; mais l'énergie des défenseurs empêcha le développement des incendies et l'anéantissement de ces abris, dont chacun comprenait l'importance.

Les officiers et sous-officiers de mobiles de l'Hérault trouvèrent occasion, dans la mission délicate qui leur était confiée sur ce point, de faire preuve d'une grande bravoure et d'acquérir un sang-froid qui pouvait leur être d'une immense utilité plus tard, pour commander leurs compagnies sous le feu.

Bon nombre de sentinelles ennemies furent adroitement abattues pendant ces longues heures de vigie, par un personnel d'élite recruté parmi nos plus habiles tireurs, et dont la vigilance sans cesse en éveil constituait pour nos adversaires un danger permanent. Aussitôt qu'ils avaient le malheur de se départir un moment de leur prudence normale, leur vie était tout au moins menacée !

Du côté du moulin de Bonneuil, des mesures analogues de sécurité furent adoptées dans la tourelle de la pompe à feu disposée à cet usage, et toujours occupée par des sentinelles de choix, attentives à tout ce qui survenait autour d'elles au delà de nos lignes.

Le cours de la Marne, en avant d'Adamville et de Créteil, n'était pas moins bien observé par les bataillons de Seine-et-Oise et de Béziers.

Grâce à ces précautions, le commandant supérieur de la Boucle fut averti de tous les mouvements de l'ennemi et en mesure de tenir au courant exact de la situation son collègue de Créteil et le général divisionnaire de Vincennes ; comme lui-même recueillait d'eux constamment, soit par le télégraphe, soit par correspondance, des avis profitables à la défense.

De l'ensemble de tous ces renseignements et de l'examen des travaux de l'ennemi, poursuivis autour de nous avec une activité fiévreuse pendant la période du bombardement, ressortait clairement la preuve qu'il projetait une attaque au sud-est de l'enceinte, soit partielle contre la presqu'île et Nogent, Joinville ou Créteil, soit générale contre toutes les positions de l'armée française sur la rive droite de la Seine [1].

A dire vrai, et pour des motifs semblables aux nôtres, les appréhensions étaient les mêmes sur le front sud des fortifications de Paris.

Dans nos parages, le côté de Champigny parut être en premier lieu le point le plus directement menacé par les travaux d'approche des Prussiens. Lavarenne-Saint-

---

[1] Dépêches officielles du général commandant supérieur de Vincennes à colonel Lemains, à Créteil; colonel de Montvaillant, à Saint-Maur; commandants des forts Charenton, Nogent, commandants des redoutes de la Faisanderie et de Grenelle :

« 11 *janvier*, 7 h. *soir*. — On prévoit un mouvement offensif de l'ennemi; prenez vos mesures, et veillez avec soin. — *Général* Ribourt.

» 14 *janvier*. — On me signale une attaque sur la ligne. — N'y a-t-il rien de votre côté ? Dans tous les cas, veillez bien. — *Général* Ribourt.

» *Même jour*, 6 h. *soir*. — Recommandez qu'on veille avec grand soin. — Craignez les surprises, par cet épais brouillard surtout, aux abords de la Marne. — *Général* Ribourt.

» 15 *janvier*, 7 h. *soir*. — L'ennemi se montre plus agressif. — N'oubliez pas que demain est l'anniversaire de la fête du roi Guillaume, et veillez bien partout! — *Général* Ribourt. »

Même jour, 7 h. 30. — Dépêche du colonel Lemains à colonel de Montvaillant :

« Je vous signale grands travaux à Ormesson et à Montmesly, que nous ne sommes pas parvenus à interrompre par notre canon, entre la crête et les bois. Triple ligne de retranchements de votre côté. — Il faut s'attendre à voir démasquer de formidables batteries contre la presqu'île et contre Créteil. »

Hilaire devint ensuite l'objet d'inquiétudes non moins réelles, puis le moulin de Bonneuil et Port-Créteil, au fur et à mesure que l'ennemi déplaçait ses forces ; mais, finalement, c'est la tête de pont de Joinville qui suscita nos plus vives préoccupations.

En prévision de ces diverses éventualités, un ordre de combat spécial à chacune d'elles ou général avait été adopté dans la Boucle et notifié à tous les chefs de corps, y compris ceux de la garde nationale, dont les bataillons furent renouvelés une fois de plus par l'arrivée à Saint-Maur des 38e, 47e, 81e et 226e bataillons, animés d'un excellent esprit militaire. Le dernier surtout présentait les meilleures garanties. Il était recruté parmi les anciens douaniers de Paris, et placé sous les ordres d'un homme réputé d'énergie, le commandant Lockroy, auquel les événements politiques ont accordé depuis une célébrité fâcheuse[1].

[1] Lockroy, rédacteur en chef du journal *le Rappel*, nommé député de Paris aux élections du 8 février, a joué un rôle trop important pendant le régime du 18 mars, pour que nous nous dispensions d'émettre ici quelques appréciations sur son compte. Nous l'avons suffisamment connu pour formuler avec autorité l'un des nombreux jugements partiels dont l'agrégation constitue l'opinion publique épurée.

Polémiste instruit et doué de cette exquise urbanité qui constitue l'homme de parfaite compagnie, Lockroy s'est surpris, croyons-nous, inconsciemment lancé dans la voie de l'insurrection parisienne par cette sorte de fatalité qui s'attache à certaines personnes, et parfois aux journalistes, plutôt que par l'entraînement de convictions sérieuses.

A l'époque où, commandant du 226e bataillon de marche, il était placé sous nos ordres, il vivait dans d'excellents termes, sinon en relations d'amitié, avec celui qui écrit ces quelques pages. J'éprouvais un secret plaisir à me rapprocher de l'écrivain de talent dont

Les chefs de corps, réunis fréquemment au commandant supérieur, se pénétraient à fond de leurs devoirs

les idées politiques étaient en opposition diamétrale avec les miennes, et le même sentiment paraissait se manifester chez lui. On eût dit que, cédant l'un et l'autre à la loi d'attraction des contraires magnétiques, nous étions également portés à nous rechercher. Vu de près, d'ailleurs, ce n'était plus l'homme supposé, et l'on avait peine à le reconnaître, tel était son esprit de conciliation.

Aussi m'arriva-t-il de lui exprimer combien j'étais surpris du contraste qu'offrait sa conversation, toujours raisonnable et bienveillante, avec le programme du journal radical rédigé sous son patronage : « Ne soyez pas surpris de vos impressions, répliquait-il, et
» gardez-vous de juger les journalistes par leurs articles de presse.
» Notre profession nous entraîne sans cesse dans des polémiques
» dont la forme, dont le fond même, ne sont rien moins que le reflet
» de nos convictions sincères. Nous écrivons au jour le jour, sans
» pouvoir proroger d'une heure l'échéance de nos obligations à
» l'égard du public, et cela sous la première impression d'événe-
» ments que nous ne connaissons parfois qu'imparfaitement ou mal.
» Nous rédigeons nos articles avec précipitation, au bureau du jour-
» nal, entourés de gens qui vont, viennent et s'agitent, en proie eux-
» mêmes à une surexcitation nerveuse, et personne n'est abasourdi
» plus que ce que nous le sommes bien souvent nous-mêmes,
» lorsque nous parcourons à la dérobée, le lendemain, la trace
» sténographiée de nos impressions fugitives. Que de fois, ajou-
» tait-il, j'ai eu besoin de réclamer mes autographes pour me per-
» suader que j'avais réellement écrit des choses publiées avec ma
» signature ! J'en étais tout étonné. »

Ayant eu occasion de me parler de Flourens et consorts, dont les excentricités avaient occasionné tant de troubles pendant le siège, Lockroy répudiait énergiquement toute espèce de solidarité avec ces énergumènes ; il les taxait de fous et de mauvais citoyens, et notamment à propos de leurs dernières manœuvres tendant à établir la Commune dans Paris.

Dînant précisément chez moi, le 22 janvier, lorsque je reçus la nouvelle de l'insurrection parisienne, le commandant du 226° bade guerre éventuels, et prenaient connaissance de toutes les ressources de la défense, par une étude approfondie

taillon parut sincèrement désolé de ce mouvement révolutionnaire, dont il jugeait les auteurs dignes du mépris public. — Il s'offrit de très-bonne grâce, pour intervenir immédiatement, en qualité de délégué du commandant supérieur de Saint-Maur, auprès du 201ᵉ bataillon, cantonné au pont de Joinville, pour calmer sa surexcitation et le maintenir à son poste de guerre, dans le cas où il eût été tenté de l'abandonner pour aller participer à l'émeute. Cette hypothèse était admissible, à cause de l'échec éprouvé à l'Hôtel de Ville par les habitants du quartier de Belleville, dans lequel se recrutait le 201ᵉ bataillon. J'acceptai les propositions du commandant Lockroy, qui réussit bien d'ailleurs dans sa mission.

Pouvait-on présumer qu'après avoir fait preuve de vues politiques aussi sensées et d'un patriotisme si éclairé dans ces circonstances, Lockroy, devenu député de Paris, répudierait plus tard, par ses actes, d'aussi honorables antécédents, en faisant cause commune avec le radicalisme le plus extrême ? — La soif d'une popularité quelconque, fût-elle de mauvais aloi, a pu seule déterminer le changement de ses allures. Toujours inconséquent avec lui-même, il ne tarda pas à s'apercevoir qu'il s'était fourvoyé.

Après avoir donné à la démocratie avancée le change sur ses impressions intimes ; après avoir rompu ostensiblement, et dans les termes les plus inconvenants, avec l'Assemblée nationale, puis réfléchi sur les conséquences de cette rupture, il a finalement agi en homme qui ne veut se perdre d'aucun côté.

En s'arrangeant, en effet, de façon à se laisser faire prisonnier par les troupes de Versailles avant le triomphe de l'armée de l'Ordre, il évita de compromettre son prestige aux yeux des masses, tout en ne s'associant pas aux mesures barbares de la Commune.

Si le jeu fut adroit, nous espérions néanmoins qu'il ne le sauvegarderait pas des conséquences des encouragements fournis à l'insurrection, car Lockroy, tout aussi bien que Rochefort, a tour à tour déserté toutes les causes.

Un acte de justice à son égard eût été d'autant plus nécessaire, que les élections du 30 juillet 1871 l'ont fait rentrer au Conseil municipal de Paris et mis en évidence de nouveau.

du terrain sur lequel les troupes sous leurs ordres pouvaient avoir à manœuvrer par la suite.

Il était d'autant plus essentiel qu'il ne survînt jamais de causes d'hésitation dans l'emploi de nos moyens d'action, que la Boucle ne devait compter, en cas d'attaque, sur aucune assistance de la part des troupes cantonnées dans le voisinage.

Le général divisionnaire écrivait au commandant supérieur, à la date du 14 janvier, pour manifester ses appréciations à cet égard :

« Vous demandez au fort de Nogent et aux redoutes
» de la Faisanderie et de la Gravelle de surveiller, cha-
» cun de leur côté, Champigny et les abords du pont. Le
» fort de Nogent ne voit malheureusement pas le pont,
» et le brouillard persistant ne permet à personne, dans
» l'une ou l'autre des redoutes, de rien apercevoir aussi
» loin. *Ne comptez donc que sur vous-même*, et veillez avec
» soin, car je comprends quelles peuvent être vos ap-
» préhensions sur ce point.

» *Le Général,*
» Ribourt. »

Les craintes se portèrent sur Joinville, lorsqu'il fut avéré que le Tremblay et Poulangis étaient occupés en forces par l'ennemi, et cela juste au moment où la division Mattat, campée aux abords de Nogent, venait d'être obligée de s'étendre vers Romainville pour combler les vides produits par le départ de certaines troupes.

Pour parer à cette situation, le général Ribourt avait mis à la disposition du commandant supérieur un autre bataillon de garde nationale, le 201e, dans lequel il eût été imprudent de se reposer, pour divers motifs, l'ineptie de son chef entre autres. Le bonhomme, retiré du service depuis 1830, ne connaissait d'armes perfectionnées que le fusil à silex, et toute son expérience militaire était à l'avenant.

Ce bataillon arriva à destination le 18 janvier, au moment où le bombardement dirigé sur l'étranglement de la presqu'île s'effectuait avec une intensité excessive, dont il était d'ailleurs la cause.

Sorti, en effet, le matin de Paris avec trois autres bataillons en destination du plateau de Nogent, il avait fait halte sur les glacis de la Faisanderie, et son mouvement à découvert, facilement remarqué des Prussiens, avait attiré sur lui une pluie de mitraille qui l'accompagna jusque dans Joinville.

Les officiers de mobiles de l'Hérault et de Seine-et-Oise, qui lui vinrent en aide pour assurer la prompte installation du 201e dans ses cantonnements, firent preuve ce jour-là d'une intrépidité et d'un sang-froid remarquables.

Il était essentiellement périlleux surtout de stationner sur le vieux pont de pierre, pendant que les grand'gardes prenaient position à son extrémité, car les fusils de rempart des Prussiens fournissaient de terribles feux croisés dans cette direction, en même temps que les obus éclataient sans discontinuité, atteignant les piles du pont ou les berges de la rive.

Pour rendre justice à tous, il convient de reconnaître que le 201e bataillon supporta vaillamment ces premières épreuves.

Après Joinville, Créteil fut à son tour menacé. Déjà, les

15, 16 et 17 janvier, d'incessantes fusillades avaient été échangées entre les grand'gardes des deux armées, et les dispositions de l'ennemi se présentaient telles, que l'intervention de la brigade de Saint-Maur pouvait devenir nécessaire d'un moment à l'autre, pour dégager la brigade Lemains, isolée à peu près autant que nous des réserves de la division.

Il ressortait de renseignements acquis à bonne source que des masses allemandes considérables se concentraient inaperçues dans les bois de Bonneuil, et ne tarderaient pas à s'élancer de là sur Créteil.

Or il eût été absolument imprudent de leur part de se montrer sur les pentes de Montmély, qui déclinent vers la Seine, puisqu'elles se fussent bénévolement exposées ainsi au tir de nombreuses batteries de position et à celui du fort de Charenton, formidablement armé.

En cheminant, au contraire, sur les revers de la montagne qui s'affaissent jusqu'à la Marne, en regard de la plaine d'Adamville, dépourvue de tranchées et d'habitations sur une profondeur de 1,000 à 1,200 mètres au moins, aux abords de la rivière, l'ennemi était à peu près assuré de n'être pas tourmenté dans sa marche par des feux d'infanterie d'un effet meurtrier.

Grâce au silence persistant de nos canons, il devait croire, de plus, la presqu'île entièrement désarmée d'artillerie.

Sa route vers Créteil était donc indiquée par ce dernier côté.

En prévision de faits de guerre attendus dans cette direction, de forts terrassements, habilement dissimulés par des corps de bâtiment, furent établis en toute hâte à Port-Créteil, pour recevoir l'une de nos batteries de 12, qui, placée dans une aussi favorable position, pouvait écrser de ses feux les colonnes débouchant de Bonneuil sur les pentes de Montmély, en les prenant d'enfilade et d'écharpe.

Des dispositions analogues furent prises à l'égard de Champigny, au moyen de nouveaux épaulements bien masqués également, élevés à 300 mètres en arrière de la redoute de Saint-Maur. Notre seconde batterie fut établie sur ce point, et ses canons, braqués en permanence dans la direction du pont, restèrent prêts à repousser toute tentative d'occupation de la rive droite de la Marne.

Ces deux batteries, destinées à protéger nos flancs, l'une au nord et l'autre au sud de la presqu'île, devaient produire d'autant plus d'effet moral et destructeur sur les assaillants, qu'après avoir affecté de n'avoir plus d'artillerie dans la Boucle, le commandant supérieur pouvait compter sur quelques imprudences de la part de l'ennemi.

Pour mieux assurer encore la sécurité de Saint-Maur et participer en même temps avec avantage à la défense de Créteil, il fit, au moyen de charpentes de bois, restaurer le pont de pierre de ce dernier village, qui devint ainsi praticable à l'infanterie et aux charrois de l'artillerie, ce mode de communication pouvant à l'occasion rendre les meilleurs services aux troupes de l'une et de l'autre rive.

Enfin, la question de nos attelages n'ayant pas été résolue, et pour bonne cause, par l'administration de la guerre, dans un sens favorable à nos demandes, il fallut absolument remédier par nous-mêmes à cette pénurie de moyens d'action, puisqu'il est d'un mince avantage de disposer de bouches à feu si l'on ne peut les mouvoir à son gré, les soustraire à propos au tir de canons d'une puissance supérieure à la leur, et les porter partout où leur présence est reconnue efficace.

Des escouades de servants, prises dans les compagnies de mobiles, et destinées, soit à traîner les pièces, soit à les alimenter de munitions, furent provisoirement organisées; mais, à peine le service était-il assuré dans ces conditions imparfaites que, préoccupés de mieux résoudre cet intéressant problème, les chefs des différents services de la Boucle improvisèrent, de concert avec le commandant d'artillerie Pierron, le moyen de parer à toutes les nécessités.

A cet effet, les chevaux encore disponibles de quelques habitants de Saint-Maur furent mis en réquisition, ainsi que ceux des corps de troupe. Le harnachement et les traits furent créés avec des cordes et du cuir, et en mettant à profit d'autres inspirations utiles.

Les voitures du train auxiliaire attachées aux régiments et bataillons furent appropriées enfin au transport des munitions et des blessés.

Chaque soir, les gardes mobiles conduisaient les équipages complets des corps de troupe en un point bien abrité, déterminé dans le village de Saint-Maur, c'est-à-dire à bonne portée des batteries, et tout se trouva disposé de la sorte pour tirer de celles-ci le meilleur parti possible.

Il ne suffisait cependant pas à la responsabilité du commandement de prendre certaines mesures de prudence pour résister à une attaque ou pour la repousser : il avait à s'inspirer non moins, dans ses résolutions, de l'opportunité de ménager à la brigade une ligne de retraite sur Vincennes et Paris, dans le cas où, après un vigoureux choc avec les vieilles légions de l'Allemagne, nos jeunes troupes seraient contraintes, un jour par elles, à leur abandonner le terrain.

En prévision de cette éventualité, et pour assurer le plus longtemps possible la conservation de nos positions, une triple ligne de défense avait été organisée sur le pourtour entier de la presqu'île, procurant aux troupes d'excellents échelons de retraite. Les défenseurs affectés à chacune de ces enceintes étant désignés d'avance, les bataillons à engager en première ou seconde ligne étaient certains de pouvoir se replier en toute sécurité pour se rétablir en bon ordre plus en arrière, et prolonger ainsi la résistance.

Les murs du parc entièrement crénelés, les rues des divers villages barricadées, les routes et la ligne du chemin de fer coupées par des abattis, de fortes tranchées ou des épaulements jetés en travers de ces artères de communication, formaient autant d'obstacles opposés aux progrès de l'ennemi. De vastes fondrières, interposées par la nature entre la voie ferrée et la Marne, étaient utilisées aussi pour abriter des réserves imposantes, et empêcher tout mouvement tournant entre Champagnolles et Joinville ; les anciennes carrières, en partie comblées, avaient été reconnues et suffisamment déblayées pour permettre aux troupes les plus exposées de se retirer par ces issues, sans que l'ennemi eût soupçon de la route à suivre pour les atteindre, de telle sorte que ces troupes trouvaient accès dans la Redoute sans être en péril un instant.

La Redoute elle-même, formant réduit, était protégée à l'avant et sur ses côtés par des carrières semblables, et les études du terrain, poursuivies avec une extrême attention pendant notre occupation de la Boucle, avaient amené la découverte de tout un réseau de souterrains voûtés, qui, de l'ancienne abbaye de Saint-Maur, se dirigent les uns perpendiculairement vers la Marne, d'autres sur la Redoute, d'autres enfin dans la direction de Port-Créteil.

Cette découverte réalisée, nos ingénieurs avaient activement poursuivi le déblayement de ces artères en sous-sol et créé des cheminements à couvert entre l'église, la Redoute et la rivière.

Grâce aux mêmes travaux, la Redoute était pourvue pour ses défenseurs de refuges contre le bombardement et d'entrepôts pour le matériel et les munitions, dans des conditions de sécurité telles qu'il n'en exista jamais de meilleures.

La dernière zone de la ligne de retraite n'était pas moins bien dotée de moyens de résistance que nos positions les plus avancées. Le village de Saint-Maur, crénelé, barré et semé d'obstacles de toute nature pour arrêter l'ennemi supposé en possession de la Redoute, fut transformé en une forteresse immense et redoutable, depuis son entrée jusqu'au canal de Saint-Maur, dont les voûtes et les bateaux pontés étaient susceptibles d'abriter de nombreux combattants. 10,000 hommes tenus en réserve dans ces gigantesques casemates devaient suffire, en tout cas, pour entraver une tentative d'assaut contre les redoutes de la Faisanderie et de la Gravelle, n'importe le nombre des assaillants, et lors même que le feu de nos batteries eût été complétement éteint.

Bien pénétré du principe qu'un chef militaire ne court jamais le risque de pécher par excès de précaution, le commandant supérieur ne cessa de solliciter du Gouvernement des moyens d'action suffisants pour ruiner les travaux d'approche de l'ennemi entre Champigny, Chénevrières et Bonneuil. Il réclama maintes fois la mise à sa disposition de la canonnière Farcy, dont le général en chef avait renoncé à faire usage sur la basse Seine.

Embossée à Port-Créteil, en arrière de la berge des îles de la rivière, elle était susceptible de rendre les meilleurs services sur ce point. Sa mission auprès de nous eût consisté à remonter fréquemment la Marne, pour lâcher à l'improviste une ou plusieurs bordées de sa grosse pièce, puis à se replacer en observation après avoir dispersé les travailleurs allemands.

Enfin, pour éviter d'exposer nos canons au feu de nombreuses batteries de position de l'ennemi, d'une puissance de beaucoup supérieure aux nôtres, le commandement étudiait, de concert avec le commandant de Mirandol, la construction d'engins de guerre semblables aux catapultes des anciens, et propres à lancer, à de courtes portées, des pierres, des obus de petit volume ou des grenades, dans les retranchements prussiens, sur les maisons occupées par eux ; capables enfin de les intimider par ce tir exclusivement effectué de nuit, auquel il leur eût été difficile de riposter[1].

La retraite des défenseurs de la Boucle était garantie, comme il a été dit, contre toute tentative des Allemands tendant à les faire prisonniers de guerre.

C'est grâce aux travaux effectués par les troupes de la brigade, et en particulier par les mobiles de l'Hérault, que la presqu'île de Saint-Maur devint inaccessible en quelque sorte à l'ennemi ; mais, en eût-il occupé quelque point, soit par surprise, soit à la suite d'un engagement heureux, il fut resté hors d'état, sinon de s'y maintenir, du moins de gagner du terrain, sans l'acheter chèrement et pas à pas.

Ces immenses travaux n'ont pas été entrepris et menés à bonne fin sans que nos travailleurs aient été soumis à des périls journaliers très-sérieux. Les plus exposés parmi eux furent incontestablement ceux qui, dans la redoute, prirent à cœur de déblayer le souterrain de communication entre ce point et l'abbaye. Ils se sont vus maintes fois dans l'obligation de suspendre l'opération ; mais, eu égard à son importance, les chefs du génie militaire ou auxiliaire, MM. de Peyronnie et de Mirandol, n'ont jamais éprouvé aucune difficulté pour réorganiser les chantiers.

[1] Il faut être aussi près que les deux armées se trouvaient l'une de l'autre sur les bords de la Marne, et dans l'impossibilité de part ou d'autre d'user de leur artillerie, pour songer à employer de tels moyens d'action, qui ne sont plus de notre temps ; mais ils peuvent incontestablement être utiles dans des circonstances pareilles à celles dont nous parlons, et l'on aurait tort, croyons-nous, de les dédaigner absolument, malgré leur caractère primitif.

Le bombardement continuait avec une effrayante intensité, spécialement contre la redoute, produisant à la longue un affaissement considérable dans les talus. Quelques obus de 24, qui atteignirent les épaulements coup sur coup, sur des points très-rapprochés les uns des autres, pénétrèrent dans les casemates. Celles-ci n'étant pas toutes occupées, aucun malheur ne résulta de ce fait jusqu'au 24 janvier, jour où neuf artilleurs furent atteints, dont trois mortellement, par les éclats d'un projectile du plus gros calibre. Un hasard providentiel préserva les gardes mobiles de l'Hérault d'un sort aussi malheureux, et pourtant ils se comptaient au nombre de douze, abrités dans le même refuge !

Le général commandant supérieur de Vincennes, les aides de camp du gouverneur de Paris et ceux des généraux Vinoy et Mattat, venus ou envoyés plusieurs fois pour s'assurer des moyens de défense de la Boucle, furent toujours d'avis que la force de nos moyens de résistance se consolidait de jour en jour, et que rien n'avait été négligé pour tirer parti de la situation.

La garde mobile de l'Hérault rendait encore service à la défense de Paris en opérant, à ses heures perdues, la découverte de dépôts de pétrole et de charbon de terre, réclamés instamment par le Gouvernement, auquel le combustible commençait à faire défaut pour l'entretien des fonderies.

Mais, tandis que l'armée prussienne se concentrait de nos côtés poursuivant ses dispositions d'attaque, soit contre Créteil, soit contre la presqu'île de Saint-Maur, de son côté le Gouverneur de Paris prenait la résolution de tenter un coup suprême pour rompre le cercle de fer qui resserrait de plus en plus la capitale.

Le 10 janvier, à cinq heures du matin, il télégraphiait à tous les commandants de corps d'armée, de division ou de brigade des zones du Nord et du Sud-Est :

« L'armée va combattre en avant du mont Valérien,
» sur le plateau entre Montretout et Rueil. Tenez-vous
» sur vos gardes et veillez bien.
» Trochu. »

Cette opération de guerre, qui débuta si heureusement pour finir si mal, puisque toutes les positions conquises dans la matinée durent être abandonnées le soir, fut-elle exempte de toute faute ?

Sans oser se prononcer d'une manière formelle sur cette question, on est autorisé à penser que les résultats de la journée eussent été meilleurs si deux colonnes bien pourvues d'artillerie, et formées, l'une au nord de Paris, avec les troupes de Saint-Denis, l'autre au sud avec les brigades réunies de Créteil et de la Boucle (celle-ci d'une force de près de dix mille hommes à l'époque), avaient opéré, en avant de leurs positions, d'énergiques diversions pour entraver la marche des réserves ennemies, qui se portaient au lieu du combat, avec un passage de la Seine à effectuer devant elles.

La bataille de Montretout ou de Buzenval perdue, les défenseurs de Paris furent atteints d'un découragement sans exemple, tandis que le parti de l'émeute, qui n'avait jamais désespéré du succès de sa maudite cause, malgré ses échecs précédents, constituait ses forces pour tenter une fois encore de s'emparer du pouvoir.

L'attentat du 22 janvier fut consommé à la faveur de l'affaissement des esprits déterminé par nos revers persistants ; mais le sens moral des Parisiens n'était cependant pas oblitéré suffisamment encore pour les rendre insensibles à la honte de la servitude sous un régime de gouvernement d'origine et de composition inavouables. Ils se levèrent en masse contre l'émeute, chassèrent les insurgés de l'Hôtel de Ville, et l'audace des révoltés tourna finalement à leur confusion une fois de plus.

La boucle de la Marne fut menacée pendant quelques heures de subir le contre-coup de la lutte tentée par les insurgés de Belleville, puisque, sous l'influence de quelques meneurs, le 201e bataillon de la garde nationale, préposé spécialement à la garde du pont de Joinville (et qui devait être justement relevé le lendemain dans ses cantonnements) songea un instant à les abandonner pour aller prêter main forte dans Paris aux frères et amis.

Alarmé du double danger que pouvaient susciter et l'abandon d'un point aussi important que le pont de Joinville, clef de la presqu'île, et la continuation des désordres à l'intérieur de Paris, le commandant supérieur prit à cœur de retenir le 201e bataillon à son poste de guerre, en prenant soin de le flatter dans son amour-propre militaire.

Gardant le silence au sujet de son attitude politique dans le moment, il lui fit connaître, par la voie de l'*ordre*, son départ prochain pour Nogent, en ajoutant que, satisfait de ses services et ne pouvant remettre en de meilleures mains la garde de l'une des positions les plus périlleuses de la presqu'île, il venait de demander au Gouverneur de conserver ce corps sous ses ordres, *à titre de faveur*.

Il recommandait, quel que fût le résultat de ses démarches, de redoubler, dans tous les cas, de vigilance jusqu'à l'arrivée du bataillon destiné à lui succéder, parce que l'ennemi, généralement bien informé de nos mouvements de troupe, pouvait soupçonner celui-ci, et profiter de l'inexpérience d'un bataillon nouveau pour prendre l'offensive contre Joinville.

Le commandant Lokroy voulut bien se rendre en mission au près du 201ᵉ bataillon pour calmer toute agitation, en usant de son influence sur les faubouriens. A son retour de Joinville, il certifia, malgré l'effervescence des esprits, que ce corps ne se déroberait pas à l'accomplissement des importants devoirs militaires qui lui incombaient jusqu'au lendemain, et, par suite, qu'il n'irait pas grossir les rangs de l'insurrection.

Le 201ᵉ bataillon fut donc relevé régulièrement le 25 janvier par le 150ᵉ, dans ses positions, sans qu'il se produit par son fait aucun événement fâcheux.

Une transformation s'était opérée au sein du Gouvernement, à la suite de nos dernières et infructueuses tentatives de trouée et des événements politiques auxquels il vient d'être fait allusion.

Le général Vinoy avait pris la direction des opérations militaires, en remplacement du général Trochu, qui, maintenu à la présidence du Gouvernement, se vit retirer le titre de commandant en chef de l'armée de Paris.

Le changement du gouverneur ne se fit sentir dans la presqu'île que par la multiplicité des rapports militaires à transmettre en haut lieu, à diverses heures de la journée.

Ils signalaient la continuation du bombardement avec des variations d'intensité, sans accidents considérables.

Tenant compte enfin des inconvénients du changement trop fréquent des bataillons de la garde nationale affectés à la défense de la Boucle, et cédant à la double requête du commandant supérieur et du général divisionnaire, le général Clément Thomas avait décidé, à la date du 24 janvier, que le 33ᵉ régiment de marche serait maintenu jusqu'à nouvel ordre dans ses cantonnements.

Le même jour, une excellente occasion s'offrit à notre artillerie de causer de sérieux dommages à l'ennemi. Aussi, malgré l'inconvénient réel de démasquer celle de nos batteries qui, établie en arrière de la redoute de Saint-Maur, était destinée à repousser toute attaque sur le pont de Champigny, la tentation s'imposa si puissante, que nos canoniers ne purent se défendre d'y succomber.

L'ennemi, ne se défiant plus de nous, était devenu d'une audace outrecuidante ! Ses sentinelles s'avançaient presque à découvert pour tirer, et l'une de ses batteries, imparfaitement abritée, avait pris position au-dessous de Villiers, pour diriger, de concert avec plusieurs autres, postées plus loin, de nombreux obus contre le fort de Nogent. Elle se présentait d'enfilade et à bonne distance de la nôtre.

Le commandant Pierron fit payer cher cette imprudence aux Allemands, car, dès les premiers projectiles lancés par nos pièces de 12, servants et pièces durent déménager, après avoir considérablement souffert de notre feu. Notre artillerie ne ressentit, au contraire, aucune atteinte des projectiles qui furent dirigés aussitôt contre elle, et les dégâts occasionnés aux épaulements de Saint-Maur étaient entièrement réparés dès le lendemain au réveil.

Le 25, dès le point du jour, Chénevrières reprit son tir avec des pièces à longue portée, auxquelles notre batterie se garda de riposter. Nos pièces se dissimulèrent prudemment jusqu'au moment où, encouragée par ce silence, l'artillerie ennemie crut pouvoir reprendre la position abandonnée la veille, pour fournir des feux croisés contre nous. La batterie de Saint-Maur, efficace de ce côté, accepta le défi et réussit, malgré les conditions d'infériorité de la lutte, à faire cesser une seconde fois le tir de cette batterie. C'était un grand succès !

Dans ce combat, un caisson et l'une de nos pièces furent endommagés, et quelques-uns des canonniers servants grièvement atteints [1].

La journée du lendemain 26 s'écoula plus calme, notre batterie n'ayant été que faiblement attaquée. Elle ne riposta que lorsqu'un objectif à battre avec chance de succès se présenta de temps à autre à ses coups.

Tandis que l'artillerie rentrait en scène, l'infanterie se disposait, de son côté, à remplir un rôle actif.

[1] Mention de ces combats d'artillerie, vaillamment soutenus par les défenseurs de la presqu'île de Saint-Maur, est faite dans les rapports officiels des 25 et 26 janvier.

Bon profit pouvait être tiré, en effet, de l'éloignement récent des forces ennemies (portées en masse au Sud-Ouest depuis la bataille du 19), pour tenter de détruire les ouvrages les plus rapprochés de nos lignes de défense.

Par un coup de main hardi et bien conduit, il était possible de chasser la grand'garde allemande du moulin de Bonneuil, d'incendier cet abri ; et, sur le flanc opposé, d'opérer une descente dans le Tremblay, d'en déloger les Prussiens cantonnés en regard de Joinville, et de ruiner le blockhaus du barrage.

Il n'était même pas présomptueux à l'excès d'espérer à la suite de ces démonstrations une reprise de possession complète de la presqu'île de Poulangis (ce dont le général en chef eût été satisfait sans doute) ; car l'évacuation précipitée de cette zone d'occupation, après la bataille de Champigny, n'avait cessé d'être un sujet de critique dans l'armée.

Appel fut donc adressé à la garde mobile et à la garde nationale, afin de trouver dans leurs rangs des volontaires assez résolus pour tenter ces deux expéditions.

Des officiers et gardes mobiles de l'Hérault s'étant offerts en grand nombre pour y participer, il n'y eut plus lieu dès lors qu'à étudier les moyens d'exécution et de réussite de ces entreprises.

Le plan d'opération, arrêté par le commandant supérieur, de concert avec les divers officiers ou chefs de service qui devaient concourir à l'attaque ou contribuer à en faciliter le succès, allait être réalisé le lendemain, lorsque, à dix heures du soir, le 26 janvier, nous arriva le fatal télégramme qui dénotait que la défense de Paris touchait à son terme.

Nous reproduisons ce document, désormais historique :

Le général Vinoy à tous les forts et commandants de troupes

« Suspension d'armes à minuit. Cessez le feu sur toute
» la ligne. Exécutez rigoureusement cet ordre, et accu-
» sez réception. »

Le bombardement de la presqu'île se continua jusqu'à l'heure indiquée, et, de notre côté, grand'gardes et artillerie se refusèrent à devancer d'un moment la cessation des hostilités.

A minuit, un calme absolu succéda tout à coup aux assourdissantes explosions des projectiles et des canons, auxquelles chacun était si bien habitué, qu'on eût dit qu'il manquait un bien être au soldat lorsque la situation se transforma brusquement.

Une nouvelle dépêche, survenue dans la nuit, convoquait pour huit heures du matin, chez le ministre de la guerre, tous les généraux, commandants supérieurs et chefs de corps, pour recevoir une importante communication du pouvoir exécutif.

Le colonel du régiment, en sa double qualité de chef des mobiles de l'Hérault et de commandant supérieur de la boucle de la Marne, dut entendre les fatales révélations que, brisé de fatigues et de douleur, le général Trochu avait à faire à l'armée.

« La province était à bout de forces, comme Paris

» était à bout de vivres. — L'armée de Bourbaki, coupée
» en deux, venait d'être rejetée, un tronçon sur Belfort,
» un autre dans la Suisse. Toute prolongation de lutte
» étant ainsi rendue impossible, un armistice avait été
» conclu entre les Gouvernements français et allemand,
» pour régler les conditions des préliminaires de paix. »

Il semblait ressortir des déclarations du général que son plan mystérieux, sur le succès duquel l'armée avait compté si aveuglément, n'était autre que celui de tout commandant de place assiégée; c'est-à-dire soutenir le moral et la confiance des défenseurs de la place le plus longtemps possible, pour fournir aux armées de secours le temps de s'organiser et d'arriver à leur aide ; procurer également à l'armée de la défense, improvisée pendant le siége, les délais nécessaires pour se constituer régulièrement en hommes et en matériel.

Or comment aurait-on pu tenter le sort des armes au delà des murs, pendant les premiers mois du blocus, puisque Paris manquait de troupes aptes à la guerre, et que l'artillerie de campagne faisait alors complétement défaut aux assiégés ?

Et, lorsque cette armée de Paris était enfin constituée après tant d'efforts, lorsqu'elle était pourvue d'excellents et de nombreux canons, mais à bout de vivres, en même temps, comment pouvait-on davantage, en fin janvier, s'aventurer dans les hasards de la guerre en rase campagne ?

Privés désormais de tout espoir de donner la main au dehors à nos armées anéanties ou réduites à l'impuissance, tant au nord qu'au midi, à l'est comme à l'ouest, que pouvaient espérer les défenseurs de Paris, dans l'hypothèse même du succès de la trouée? Le gain d'une bataille n'eût évidemment pas suffi pour sauver la situation !

Avant d'atteindre des points de ravitaillement, n'avaient-ils pas à traverser une zone de trente lieues de parcours, saccagée, déserte, épuisée de toute façon et tour à tour par les réquisitions des Français et des Allemands.

Tels étaient les motifs impérieux qui avaient déterminé le Gouvernement à poser les armes et qui mettaient incontestablement obstacle à la continuation des hostilités, quoi qu'aient affirmé à cet égard certains critiques de la capitulation de Paris.

Après avoir reçu les douloureuses confidences du général Trochu, le colonel eut à révéler l'état des choses aux troupes de sa brigade. Il constata, non sans orgueil, chez tous les bataillons, sans exception, placés sous ses ordres, combien les humiliations infligées à Paris leur étaient sensibles, quoique les conditions de la capitulation ne fussent encore connues de personne. Il suffisait d'y penser pour les prévoir ! Aveugles étaient ceux qui se faisaient illusion sur la générosité prussienne !

Certains hommes cependant, dans les divers régiments de l'armée, manquèrent totalement de cœur et de patriotisme dans la circonstance, car l'on vit des militaires communiquer sans rougir avec les avant-postes ennemis. On en vit d'autres profiter de la suspension d'armes pour fréter des canots en partie de plaisir et naviguer sur la Marne. Comment qualifier, même aujourd'hui, des hommes si totalement insensibles aux malheurs publics ?

Les journées des 27 et 28 janvier furent consacrées à l'enlèvement de toutes les bouches à feu, à les faire rentrer dans Paris pour y être mises en parc, à la suppression des appareils explosifs, des fougasses, aux distributions de vivres. L'ordre donné de les délivrer pour quatre jours suscitait de naturelles préoccupations, puisque personne parmi nous ne connaissait au juste le sort qui l'attendait ! Serait-on ou non envoyé prisonnier en Allemagne ? se demandait-on.

Les chefs de corps furent, à la même époque, invités à transmettre au général en chef des mémoires de propositions pour des récompenses [1].

L'artillerie de la Boucle fut dirigée sur la caserne Dupleix, à Grenelle, dans la journée du 28, c'est-à-dire

---

[1] La pluralité des propositions faites au régiment de l'Hérault, en faveur des sujets estimés les plus dignes de la décoration et de la médaille militaire, ne furent fournies que tardivement à l'état-major général, par suite de la lenteur des compagnies à produire les états de service des intéressés. Les bataillons se trouvant dispersés dans Paris et logés chez l'habitant, c'était en quelque sorte toujours une affaire d'état, pour le chef de corps, d'obtenir d'eux les pièces réclamées pour l'expédition des affaires. Lorsque le travail des récompenses demandées pour le régiment fut enfin complet et transmis au ministre de la guerre, ce dernier partit pour Bordeaux, emportant le dossier. Le général Leflô le rapporta au mois de mars; mais l'insurrection parisienne, survenue bientôt après, nuisit à l'examen de ce dossier, comme à celui de bien d'autres corps. Nous avons déjà fait valoir ces raisons auprès de qui de droit, pour obtenir que justice fût rendue à quelques-uns de nos camarades dans tous les échelons hiérarchiques, qui l'ont si bien mérité, et nous ne désespérons pas encore d'obtenir gain de cause. Puissent nos espérances n'être pas frustrées !

quelques heures à peine avant l'évacuation de la presqu'île par la brigade de Saint-Maur.

Le lendemain 29, à six heures du matin, la dépêche suivante vint mettre fin à l'incertitude des troupes, et les fixer sur leurs destinées ultérieures :

« Vincennes, 5 h. 50 du matin.

» *Général commandant supérieur à colonel de Montvaillant, commandant la brigade et presqu'île de la Marne.*

» Toutes les troupes sous vos ordres doivent rentrer
» ce matin dans Paris. Le mouvement commencera de
» suite par les bataillons de la garde nationale, et à neuf
» heures pour les autres. Prenez vos dispositions ; aucun
» homme ne doit rester en arrière.

» *Signé :* général RIBOURT. »

Les derniers instants passés dans la Boucle furent consacrés à assurer l'exécution de cet ordre pressant, à enlever le matériel du génie, de l'artillerie, celui de nos stations télégraphiques. Il nous serait impossible d'expliquer aujourd'hui comment l'on parvint à de tels résultats, avec les moyens de transport insignifiants dont disposaient toutes les branches de service de la presqu'île.

L'apparition des troupes prussiennes, qui commençaient elles-mêmes leur mouvement en avant, stimula sans doute le bon vouloir des officiers et des soldats, et dut suggérer à chacun de nous d'utiles inspirations ; car il n'y avait pas à compter, de la part de l'ennemi, sur le moindre acte de condescendance pour faciliter l'évacuation.

A l'heure déterminée par les conventions signées entre les autorités militaires, et à peine avions-nous quitté nos avant-postes, que les colonnes allemandes nous y remplacèrent. Elles saisirent les armes de nos traînards, et quelques-uns de ces derniers furent emprisonnés plus ou moins longtemps, dans les forts et redoutes sur lesquels le drapeau de la Confédération germanique flottait au vent, au fur et à mesure que l'ennemi en prenait possession sous nos yeux mouillés de larmes.

La division de Vincennes et les brigades de Créteil et Saint-Maur restèrent constituées dans Paris jusqu'au 15 février.

Avant leur dissolution, le général Ribourt leur adressa par un ordre du jour ses éloges sincères et flatteurs, pour le concours qu'elles lui avaient donné durant cette longue et pénible période du siége, correspondant à la durée de son commandement.

Il n'estimait pas moins utile que toute autre la coopération de la garde mobile de l'Hérault, dans la défense des positions avancées qui lui avaient été confiées, et rendait une dernière fois justice à sa belle attitude sous le feu, surtout pendant le bombardement. Huit à dix mille projectiles explosibles avaient été lancés, au moins, sur la presqu'île, durant cette dernière phase de l'investissement!!

Le 31 janvier, quelques officiers du régiment reçurent de l'avancement, en récompense de leurs bons services signalés au ministre de la guerre.

Avaient été nommés, en effet, par décret du 28 janvier : au grade de capitaine, MM. Poujol et Jeannel, lieutenants au corps; à celui de lieutenant, MM. de Nattes et Arnaud, sous-lieutenants, et à celui de sous-lieutenant, MM. de Massilian, officier à la suite depuis les élections du 19 septembre, et Paul de Lescure, sergent-major au 3ᵉ bataillon.

VIII

Après l'armistice

ou

**Deuxième séjour dans Paris
et retour des gardes mobiles dans leurs foyers**

du 29 janvier aux 23 et 24 mars 1871

A leur rentrée dans Paris, les trois bataillons de l'Hérault furent cantonnés dans le premier secteur et placés sous les ordres du général de Barroilet.

A défaut de logements et d'abris, les hommes furent contraints, pendant quarante-huit heures, soit à camper, soit à s'industrier à leur gré, pour se soustraire au froid, aucun logement n'étant encore disponible pour recevoir la masse des troupes rentrées subitement dans l'enceinte de la place.

Les difficultés d'installation s'aplanirent au jour le jour, et les mobiles, répartis bientôt chez l'habitant, étaient passablement logés dès les premiers jours de février, du moins pour des prisonniers de guerre.

Au point de vue moral, la situation de chacun fut adoucie par les premières nouvelles reçues de ses foyers.

Personne n'était cependant à bout des misères de toute nature imposées par les circonstances !

Après avoir éprouvé les pénibles impressions de la capitulation, les troupes en ressentaient les inconvénients matériels.

Les difficultés surgies pour assurer leur subsistance jusqu'au ravitaillement restèrent considérables, et ce ne fut pas sans douleur que nos vaillants soldats se soumirent à l'obligation de remettre eux-mêmes leurs armes et munitions aux mains de l'ennemi.

Chacun se résigna cependant à supporter avec sagesse ces nouvelles tribulations, qu'il n'était au pouvoir de personne de nous épargner.

La garde mobile de l'Hérault prit part au vote du 8 février pour la nomination des députés à envoyer à l'Assemblée nationale ; mais ses bulletins ayant été confondus avec ceux de tous les militaires originaires du département, et présents à Paris à cette époque, nous ne pouvons que fournir le résultat général des élections de cette section, avec quelques observations à l'appui :

	Militaires de tous corps, dont	Gardes mobiles de l'Hérault
Nombre des inscrits....	4,347	3,368
Nombre des votants....	1,048	829
Abstentions.....	3,279	2,539

Les votes recueillis se répartissaient ainsi qu'il suit entre les deux listes en présence :

754 voix en faveur de la liste radicale patronnée par un comité parisien ;

284 — — de celle de conciliation dressée,

sur la prière de quelques personnes, par le colonel du régiment [1].

[1] Il n'est pas hors de propos de faire remarquer comment fut dressée cette liste de conciliation, car des doutes ont paru subsister à cet égard dans l'esprit de nos concitoyens, avec lesquels aucune communication n'était possible pendant l'investissement de Paris par l'armée prussienne.

Les chefs de corps de la mobile (colonels, lieut.-colonels et chefs de bataillon) se réunissaient deux fois par semaine, depuis la rentrée des troupes dans Paris, afin de pourvoir, d'un commun accord, à la satisfaction de tous les intérêts des hommes placés sous leurs ordres, et de se concerter ensemble pour accélérer le rapatriement.

Lorsque la date des élections fut déterminée, il se produisit un grand embarras dans les esprits, puisque personne dans Paris n'avait connaissance des listes de candidats patronnés dans les départements. Le rétablissement d'un fil télégraphique entre la Capitale et la Province ayant été cependant autorisé par nos vainqueurs, il fut décidé qu'une députation d'officiers de mobiles se rendrait au ministère, pour solliciter du général Leflô la communication officielle de toutes les listes en circulation dans nos départements, si largement représentés à Paris.

Cette députation se composait de MM. Carron, lieutenant-colonel d'Ille-et-Vilaine, devenu lui-même député de son département; de Carné, lieutenant-colonel des Côtes-du-Nord, et de Montvaillant, colonel de l'Hérault, président du comité. Elle se transporta au ministère de la guerre, le dimanche 5 février, vers midi, où elle arriva, soit dit entre parenthèses, au moment où le général Leflô traversait la cour de son hôtel *avec un énorme paroissien sous le bras*. Le ministre invita gracieusement ses visiteurs à s'installer à leur aise jusqu'à son retour dans son cabinet : « *car n'ayant pu as-* » *sister à la messe depuis longtemps*, ajouta-t-il avec bonhomie, *je* » *suis bien aise de pouvoir, une fois par hasard, profiter d'une* » *heure de liberté relative pour accomplir mes devoirs religieux.* »

A son retour, et après s'être enquis du motif de notre démarche, le général nous fit comprendre combien il lui était difficile d'absorber pendant un jour entier, et peut-être deux, à notre profit exclusif,

Ce qui frappe le plus dans l'énumération des suffrages manifestés, c'est le chiffre énorme des abstentions qui se

le seul fil électrique établi dans le moment. Vu les circonstances, il invita les chefs de corps des gardes mobiles départementales à se recueillir, et à rechercher au fond de leurs âmes, patriotiquement inspirées, les noms des hommes en faveur desquels l'opinion publique devait infailliblement se prononcer en province, et à soumettre ensuite ces noms aux suffrages de leurs concitoyens présents dans Paris.

On pouvait se tromper sans doute dans les appréciations; mais ne valait-il pas mieux diriger le choix des hommes dans le sens de la conciliation et dans un esprit d'ordre public, que de les abandonner aux influences de la démagogie avancée, qui, au vu et au su de tout le monde, travaillait au succès de ses intérêts.

La liste de l'Hérault fut donc dressée d'inspiration, ses auteurs cherchant à rester en communion de sentiments avec le département natal, et si un accord absolu, impossible à obtenir par intuition, ne fut pas établi avec nos concitoyens absents, du moins avons-nous eu la satisfaction de constater la bonne harmonie de pensées qui régnait entre eux et nous, au sujet de quelques-uns des candidats recommandés aux électeurs.

MM. Viennet et Bouisson, députés élus, figuraient en effet sur notre liste ; de même l'honorable baron de Larcy, dont l'élection dans l'Hérault était certaine s'il n'avait cédé aux sollicitations des électeurs du Gard, en optant pour une candidature dans ce département. Nous proposions encore deux vaillants officiers de l'armée et un autre de la marine : MM. le général de Polhes, le lieutenant-colonel Belleville, le capitaine de vaisseau Lamothe-Tenet, originaires du département, tous juges compétents pour traiter de la question de paix ou de guerre, et MM. Edouard Vivarès, de Cette, et André, ancien député, pour donner satisfaction à toutes les parties du département.

Le choix de tels députés offrait évidemment des éléments de conciliation pour toute personne dégagée de l'esprit de parti, et préoccupée uniquement du salut du pays; mais nous eussions adopté de préférence à notre liste personnelle, je le répète, celle qui fut dressée par nos concitoyens de l'Hérault, si elle était parvenue à notre connaissance en temps opportun.

sont produites. La cause de ce fait doit être attribuée à ce que, n'ayant aucune connaissance des listes dressées dans le département, les électeurs s'imaginèrent que tout vote devenait inutile en faveur des candidats qui leur étaient proposés. Le résultat du scrutin eût été bien différent, certainement, s'ils avaient été initiés aux impressions politiques des esprits dans l'Hérault, au commencement de février.

La liste de conciliation dressée à Paris n'ayant été communiquée, par la force même des choses, qu'aux militaires de la garde mobile, on peut, avec toute certitude, attribuer aux 219 votants d'autres corps, des suffrages exprimés en faveur de la liste radicale, et réduire d'autant le nombre des voix apportées à cette liste par la garde mobile de l'Hérault. De ces considérations on doit conclure qu'elle donna 535 voix aux amis de Gambetta, et 284 aux représentants de l'opinion modérée. Ces deux chiffres, ajoutés à celui de 2,539 des abstentionnistes, reproduisent par addition le nombre 3,368 de nos électeurs.

Le jour même où les élections avaient lieu à la caserne de la Pépinière, pour tous les militaires de l'Hérault incorporés dans l'armée de Paris, le régiment reçut avis de quelques récompenses accordées au corps, à la suite de propositions présentées depuis longtemps.

M. le lieutenant Laurens était nommé chevalier de la Légion d'honneur ; MM. Pagès et Guiraudou, sergents, l'un au troisième bataillon, l'autre au second, figuraient dans la répartition des médailles militaires.

M. du Luc, capitaine, non élu le 19 septembre, mais

inscrit toujours sur les contrôles du corps, était décoré pour sa belle conduite au feu, sur la proposition spéciale de M. le général de division Corréard, dont il était officier d'ordonnance. La médaille militaire fut attribuée, pour des motifs analogues, au garde mobile Coste-Floret, du 1er bataillon, détaché auprès de M. Lamothe-Tenet, capitaine de vaisseau, commandant des fusiliers marins de la division de Saint-Denis.

Les gardes mobiles, inoccupés dans Paris depuis le désarmement, furent autorisés à travailler, moyennant rétribution, soit pour le compte de la ville, soit pour celui des particuliers; mais les jeunes gens de l'Hérault ne profitèrent que dans une mesure insignifiante de ces avantages, tant leur pensée était absorbée par la perspective d'un retour prochain dans leurs foyers.

Les corps d'armée, divisions actives et brigades ayant été dissous, le régiment se trouva placé, dès le 16 février, sous les ordres du général Porion, nouveau commandant du premier secteur.

Les points de rassemblement affectés aux diverses fractions du corps étaient à cette époque les suivants : le 1er bataillon, au square du Temple; le 2e bataillon, au boulevard Mazas; le 3e bataillon, sur la place de l'Hôtel-de-Ville.

Le seul service imposé aux hommes consistait en quelques appels et corvées de distribution, très-pénibles d'ailleurs, eu égard aux grandes distances à franchir pour arriver aux magasins de vivres et pour en revenir. Ces corvées devinrent un sujet de fatigues réelles, lorsque les voitures et chevaux du train auxiliaire, mis à la disposition des corps de troupe pendant le siége, eurent été retirés pour les besoins de l'administration.

Beaucoup de gardes mobiles qui recevaient de fortes sommes d'argent de leurs familles, depuis le rétablissement des communications avec la province, dédaignaient d'intervenir pour les perceptions et la consommation des vivres réglementaires; ce qui alourdissait d'autant le service des camarades, sans que leur régime alimentaire fût proportionnellement amélioré. D'autre part, quelques mauvais plaisants prétendaient trouver la soupe prête toujours à l'heure voulue, sans avoir pris aucune peine pour assurer leur nourriture.

Quand les ressources pécuniaires émanant de la bourse des familles furent épuisées, chacun dut se résigner cependant à bénéficier des modestes rations de l'État, et c'est de cette époque (commencement de mars) que les impatiences de départ commencèrent à se traduire au régiment par des actes d'indiscipline et des manifestations regrettables.

Quelques hommes propageaient, et ce bruit trouvait crédit facilement auprès de la masse, que le chef de corps était cause du séjour prolongé des bataillons dans Paris. Trouvant un intérêt pécuniaire dans le maintien de sa situation, et n'étant plus éloigné de sa famille qui l'avait rejoint, il était représenté comme totalement indifférent aux épreuves matérielles et morales dont souffraient ses subordonnés.

Ces accusations étaient d'autant plus légèrement portées, qu'il ne se passait pas de jour sans que le chef de corps n'allât solliciter, auprès du général gouverneur de

Paris, le prompt rapatriement de la garde mobile de l'Hérault. Pour suppléer ensuite aux longues heures perdues en démarches auprès du Gouvernement, et assurer néanmoins l'expédition des affaires, considérables dans le moment, force était au colonel d'employer une partie de la nuit au travail de bureau. Voilà la vérité ! toujours bonne à opposer au mensonge.

Par son attitude digne, le régiment prit part au deuil public du 1er mars, adopté par toute la population de la Grande Ville, à l'occasion de l'entrée de l'armée prussienne dans Paris !

A compter du 7 du même mois, les entraves opposées par l'ennemi à la circulation des militaires hors des murs n'étant plus aussi rigoureuses que par le passé, quelques-uns de nos jeunes gens purent s'éloigner de Paris et regagner isolément leurs foyers. Les départs n'eurent lieu qu'en nombre restreint cependant, parce qu'ils n'étaient pas exempts de danger, et la prudence à ce sujet était incessamment recommandée à nos compatriotes par leurs chefs à tous les degrés.

N'était-ce pas faire acte d'enfantillage que de s'aventurer à travers les lignes prussiennes, pour devancer de quelques jours la mise en route du régiment, quand la garde mobile en entier allait être rapatriée à bref délai par les voies ferrées, ainsi que les avis officiels des 10, 11 et 12 mars, en donnaient la certitude à ces braves défenseurs de Paris.

Eu égard au mouvement d'évacuation des troupes désarmées, mouvement déjà commencé, chacun pouvait patienter encore un peu ; mais, plus approchait l'heure de la réalisation des espérances fondées sur un départ prochain, plus aussi croissait l'état de surexcitation des esprits.

Il était pourtant de toute évidence que l'armée entière ne pouvait partir simultanément par les voies ferrées, vu le nombre très-limité des lignes et des moyens de transport laissés par l'ennemi à la disposition du ministre de la guerre. En second lieu, celui-ci ne devait pas songer à diriger par étapes sur leurs destinations les troupes venues de loin, comme la mesure avait été récemment adoptée par le Gouvernement à l'égard des hommes recrutés dans les départements limitrophes de la Seine.

En constatant l'agitation qui s'était emparée des esprits, on eût dit que le tout monde, dans Paris, était atteint de la fièvre, encore à l'état latent, dont l'accès allait se produire le 18 mars, et que le bon sens des gens les plus raisonnables d'habitude était ébranlé.

Personne n'était exempt de ce malaise particulier précurseur d'une immense crise politique, malaise dont nous comparerons la commotion à celles que produit sur l'organisme humain une atmosphère saturée de fluides électriques.

Déjà le souffle des discordes criminelles grondait terrible au fond des âmes, et le corps social ressentait les premières douleurs d'un travail d'enfantement monstrueux. L'*hydre révolutionnaire à cent mille têtes* qui s'est ignoblement fait connaître par la suite, sous le nom de *Commune de Paris*, allait surgir pour épouvanter le monde et achever de ruiner la France !

Dès les premiers jours de mars, il était impossible à tout être clairvoyant de se dissimuler l'imminence et la gravité de la catastrophe nouvelle réservée à notre infortuné pays ; aussi la crainte de se trouver encore dans Paris lorsque la guerre civile viendrait à éclater bientôt contribuait-elle à surexciter les impatiences de départ manifestées par la garde mobile provinciale, en général, et par celle de l'Hérault en particulier [1].

[1] Dans la déposition faite par le général Vinoy devant la Commission d'enquête parlementaire sur les événements du 18 mars, il a été parlé peu favorablement de l'attitude du régiment, à l'occasion des symptômes précurseurs de la crise. (Rapport de M. Martial Delpit, député à l'Assemblée nationale.)

Après avoir rappelé quel était l'état psychologique de la capitale pendant la première quinzaine de mars 1870, l'honorable témoin s'est exprimé dans les termes suivants :

« *L'armée, démoralisée dans Paris, désarmée et réduite à l'effectif dérisoire de 12,000 hommes contre 300,000 gardes nationaux, souffre de l'encombrement, du manque de bois et de vivres.*

» *Les mobiles lui donnent un pernicieux exemple ! Les 10ᵉ, 7ᵉ, 8ᵉ et 16ᵉ bataillons de la Seine, ceux de l'Hérault, se mutinent ouvertement, menacent et outragent leurs chefs ; ceux de Saône-et-Loire brûlent les baraques qui les abritent....., etc.* »

Telle est l'assertion du général, ancien gouverneur de Paris ! Erronée en ce qui nous concerne, elle comporte une rectification.

Nous allons rétablir les faits dans leur exactitude, sans excuser plus que d'habitude les entraînements blâmables

Dès les premiers jours de mars, le colonel recevait à toute heure la visite de nombreux gardes mobiles, qui venaient s'enquérir auprès de lui de toute nouvelle concernant le départ du régiment.

Faisant la part de ces impatiences naturelles, le chef de corps s'efforçait de les calmer, et dépeignait de son mieux les embarras de toute sorte auxquels le Gouvernement avait à faire face.

Il s'abstenait prudemment auprès de ses interlocuteurs de donner prise à de trop vives illusions, tant qu'il ne recevait lui-même que des réponses évasives de l'état-major général.

Mais, lorsqu'il eut été informé, le 11 mars, dans les bureaux du

Mais à quoi, d'ailleurs, nos jeunes gens pouvaient-ils servir dans Paris, puisqu'ils étaient désarmés?

Dans l'état d'esprit où se trouvaient les hommes, s'attendant à partir le lendemain en chemin de fer, suivant les promesses reçues encore le matin même de l'état-général Vinoy, que le départ du régiment par les voies ferrées était fixé au surlendemain, il pensa pouvoir se départir de sa réserve précédente, et s'empressa de porter la bonne nouvelle à la connaissance de nos bataillons.

Les circonstances n'ayant malheureusement pas permis ensuite au Gouverneur de réaliser sa promesse, ni cette fois, ni les jours suivants, on conçoit l'impression pénible que ressentit la garde mobile de l'Hérault à la suite de plusieurs déceptions cruelles éprouvées coup sur coup.

L'effet était d'autant plus sensible que, au su de tout le monde, d'autres régiments plus heureux regagnaient journellement leurs foyers.

Tenant à faire sortir promptement de Paris le plus grand nombre possible de nos légions départementales, le Gouvernement s'était résolu, paraît-il, à commencer le mouvement par les moins éloignées de leur destination, afin de rentrer plus vite en possession des waggons affectés au transport.

Ce programme était sage sans doute; mais il eût convenu surtoust de l'adopter avant d'avoir suscité chez nos jeunes gens de légitime espérances, par des promesses formelles d'évacuation retirées ensuite

Leur découragement fut extrême! Il se traduisit chez *quelques-uns* d'entre eux par de l'irritation. Le boulevard des Italiens fut obstrué par des rassemblements de gardes mobiles qui venaient se plaindre, non pas *du* colonel, mais *au* colonel, de n'avoir pas été mis en route aux dates indiquées.

Le passage de l'Opéra, par lequel on pénétrait à notre logement, fut envahi, les 13 et 14 mars au soir, par ces impatients, dont le mécontentement fit explosion d'une façon bruyante, sans doute, mais sans qu'aucune menace ou insulte ait été proférée contre notre personne, malgré les instigations des émissaires de la future insurrection.

major général, on conçoit combien fut mal accueillie la communication officielle de l'ordre suivant, parvenu aux troupes dans l'après-midi du 14 mars:

Prévenu de ce qui se passait, le Maire du neuvième arrondissement, M. Desmarets, fit occuper, évacuer et garder le passage; mais il s'aperçut, à l'arrivée du chef de corps, que ce dernier, en traversant les groupes qui stationnaient encore sur le boulevard, s'était mêlé à eux sans danger, et sans avoir été victime d'aucune inconvenance.

Nos exhortations au calme n'étaient plus écoutées aussi religieusement que par le passé, il est vrai; mais de là à une révolte ouverte, à des insultes ou à des actes de violence, la distance est énorme!

Si des rapports inexacts sont parvenus au Gouverneur de Paris au sujet de ces faits, ils n'ont pu émaner que de personnes mal renseignées ou prévenues défavorablement à l'égard de nos populations du Midi, dont le naturel est bon, nonobstant des manières brusques et parfois grossières.

Concluons: Si, du 11 au 15 mars, il y a eu de la part de trois à quatre cents gardes mobiles de l'Hérault acte de mutinerie accompli publiquement, le fait ne s'est produit qu'à la suite des promesses non réalisées de l'état-major général. — Dans aucun cas, ils n'ont menacé, ni outragé leurs chefs, comme l'ont fait les mobiles de la Seine.

Nous tenons d'autant plus à relever l'allégation, que ce fut notre principal sujet d'honneur, pendant l'exercice de notre commandement, parfois si difficile, d'avoir conservé notre autorité morale toujours intacte, quand il ne nous restait plus aucune puissance matérielle pour la sanctionner.

Que la déposition du général Vinoy devant la Commission d'enquête, ramenée par nos explications au degré de recevabilité qui lui convient, en ce qui concerne nos bataillons, soit tout au moins pour nous le sujet d'une bonne leçon!

Que ceux de nos compagnons d'armes qui prirent part aux démonstrations désordonnées dont il s'agit constatent aujourd'hui, à leurs dépens, que le soldat n'enfreint jamais les règles de la discipline sans encourir de fatales responsabilités devant l'*histoire*.

« Par suite des nouvelles dispositions arrêtées par le
» Général en chef, le régiment de gardes mobiles de l'Hé-
» rault partira demain par étapes pour Orléans, comme
» tous ceux qui restent encore dans Paris.

» Ces troupes garderont leur campement et seront
» pourvues de quatre jours de vivres. »

Pour le Général en chef :
Le Chef d'état-major général,
Signé : DE VALDAN.

La surprise était désagréable, il faut en convenir ! Après avoir témoigné inutilement leur mauvaise humeur et l'avoir mal à propos deversée peut-être sur leurs officiers, irresponsables de la contrariété éprouvée, les gardes mobiles prirent cependant le seul parti convenable à adopter : celui de la résignation.

La mesure n'était pas exclusive, du reste, à leur égard, puisque 70 à 80 mille hommes étaient aussi mal partagés que les gardes mobiles de l'Hérault. Ne devaient-ils pas présumer enfin qu'en prenant une décision aussi radicale, le Gouvernement avait brusquement cédé à des circonstances majeures ?

Le lendemain, 15 mars, en se rendant au premier gîte d'étape, les bataillons paraissaient comprendre que la raison d'État motivait seule la mesure adoptée à leur égard.

Il nous fut permis de constater que le changement d'atmosphère avait déjà calmé cette agitation nerveuse à laquelle les hommes étaient en proie durant les dernières semaines écoulées dans Paris. Malgré les fatigues d'une marche de 30 kilomètres, à surmonter à la suite des fatigues inhérentes aux préparatifs de départ, chacun supporta philosophiquement les petites misères de sa situation.

Paris est distant d'Orléans par cinq journées de marche, indiquées par les gîtes intermédiaires suivants : Arpajon, Etampes, Angerville et Arthenay. Ce dernier point franchi, le voyageur n'est plus éloigné que de 20 à 25 kilomètres du chef-lieu du département du Loiret.

Les trois bataillons de l'Hérault, réduits à un effectif de deux mille cinq cents hommes environ par le départ d'un grand nombre d'isolés, effectué à la dernière heure, et à leurs frais, parcoururent ce long trajet à pied, sans qu'il ait surgi pendant le voyage d'autres incidents notables que ceux que nous relaterons bientôt.

Ils faisaient partie d'une colonne dont la force a varié journellement à toutes les bifurcations de route, en s'éloignant du point de départ.

Elle comptait cependant encore plus de vingt mille hommes à son arrivée dans Orléans.

On conçoit que l'agglomération de tout ce monde dans de petites localités, tour à tour épuisées par les réquisitions des deux armées, n'ait permis à personne de jouir de ses aises. Tout espoir de bien-être était d'autant moins fondé que les Prussiens occupaient encore, en maîtres arrogants, plusieurs de nos gîtes d'étape (Etampes, Angerville). Or ils n'admettaient pas d'être gênés eux-mêmes, d'une manière quelconque, par le passage des soldats français dans leurs cantonnements.

Cette énorme colonne, sortie de Paris sous le commandement du général Porion, et composée uniquement de régiments désarmés et de militaires libérés regagnant leurs foyers, les uns et les autres plus ou moins soustraits à l'action de la discipline, est l'un des spectacles les plus tristes qu'il nous ait jamais été donné de voir. Les isolés se mêlaient aux régiments, et ces derniers marchaient en désordre, chaque homme à son allure particulière, de telle sorte que certains militaires étaient arrivés au gîte d'étape quand tels autres n'avaient pas encore quitté leurs cantonnements de la veille.

Malgré tous les efforts du commandement général et des chefs de corps, les choses ne pouvaient guère se passer autrement, car des troupes désarmées, démoralisées et en voie de licenciement, ne seront jamais conduites avec l'ordre et la méthode que recommandent à juste titre les règlements militaires.

L'amour-propre national seul eût été efficace pour remédier à ce laisser-aller, car les détachements allemands, sous les yeux desquels défilait la colonne, trouvaient dans l'aspect de ce tohu-bohu un nouveau sujet de déconsidération motivée pour la puissance militaire de la France. Mais *l'amour-propre national,* hélas ! qu'était-il devenu ?

L'étape d'Arpajon à Étampes fut terrible à franchir, par suite de la rigueur du temps. La neige tombait à flocons, et condensée à l'état de glaçons par un abaissement subit de la température. Un vent violent du sud-ouest la projetait horizontalement en plein visage, obligeant chacun de nous à fermer les yeux pour les dérober aux effets incisifs de l'atmosphère, dans laquelle voltigeaient d'innombrables aiguilles. Le soldat marchait en aveugle, à peu près droit devant lui, dans l'étroit sentier piétiné par les têtes de colonne sur les deux côtés de la route.

L'épreuve ne fut pas longue, fort heureusement, le ciel étant redevenu bleu le lendemain, pour rester tel jusqu'au terme de ce triste voyage. Le bon accueil fait partout aux défenseurs de Paris, par nos patriotiques populations du Centre, atténua d'ailleurs dans la plus large mesure possible les épreuves de nos camarades.

La colonne arriva sans autre mésaventure, le 19 mars, à Orléans, juste à point pour apprendre la nouvelle de la révolution parisienne survenue la veille. Chacun apprécia dès lors l'acte de sagesse que le Gouvernement avait accompli en éloignant du foyer insurrectionnel toutes les troupes indisponibles pour la répression de l'émeute. Chacun se félicita d'être sorti en temps opportun de la grande cité qui, après avoir rempli si dignement son rôle de capitale pendant le siége, devenait si follement le théâtre d'une épouvantable guerre civile.

Les deux journées passées à Orléans permirent à la garde mobile de l'Hérault de se reposer de ses fatigues avant de poursuivre sa route par les voies ferrées.

Le 3ᵉ bataillon (Montpellier) était réuni dans la gare, le 21 au matin, pour partir bientôt après, sous le commandement de son chef de bataillon. Les deux autres bataillons (Béziers et Lodève), auxquels s'était joint l'état-major du régiment, prirent place dans un autre train organisé le même jour, et personne, on le comprend, ne fit défaut à l'appel qui précéda la manœuvre de l'embarquement.

Quoique le transport des bataillons depuis Orléans jusqu'à destination ait été effectué en chemin de fer, la route parut longue à tout le monde, tant on était avide de revoir ses foyers et d'embrasser sa famille ! Aussi nos soldats s'impatientaient-ils vivement à l'occasion des temps d'arrêt qui survenaient sans cesse dans la marche du convoi pour le garer dans les stations, afin de laisser la voie libre aux trains plus rapides du service ordinaire des voyageurs.

Le 23 mars enfin, les gardes mobiles de l'Hérault se retrouvèrent aux chefs-lieux d'arrondissement dont ils s'étaient éloignés six mois auparavant.

Ils se présentèrent la tête haute aux yeux de leurs concitoyens, avec le prestige du devoir rigoureusement accompli, à défaut de l'auréole de la victoire.

Les plus douces étreintes firent oublier pendant quelques heures les malheurs de la patrie !!!

Après l'exposé sincère de notre participation aux événements de la guerre, il ne nous appartient plus de formuler des appréciations sur la nature des services rendus à la cause du pays par les trois premiers bataillons de la garde mobile de l'Hérault.

Le jugement à porter sur notre conduite appartient désormais à l'opinion publique, mieux en mesure de se prononcer sur l'efficacité du rôle qu'il nous a été donné de remplir pendant toute la durée du siége de Paris.

Nous espérons que nos frères et compatriotes du département de l'Hérault seront contents de nous, comme nos chefs militaires l'ont été généralement !

LA

GARDE MOBILE DE L'HÉRAULT

EN ALGÉRIE

III

LA GARDE MOBILE DE L'HÉRAULT

EN ALGÉRIE

NOUVEL ENTRETIEN AVEC MES LECTEURS

Bien du temps s'est écoulé entre le jour où j'ai achevé de grouper et de raccorder ensemble mes souvenirs du siége de Paris et celui où je me décide à les publier, en vue de vous initier à tout ce que vos enfants ont fait de bien, éprouvé ou souffert de mal, durant cette longue période de la résistance nationale.

Avant de me résoudre à tenir l'engagement contracté verbalement avec un grand nombre d'entre vous, je me suis surpris à hésiter, et je vais à ce sujet m'expliquer en toute franchise.

En m'attribuant le rôle de narrateur exclusif des faits de guerre des trois premiers bataillons de la garde mobile de l'Hérault, j'ai craint de les mettre trop en évidence, au préjudice de la batterie d'artillerie et des 4e et 5e bataillons d'infanterie, qui ont rendu, eux aussi, d'excellents services !

Est-il possible, en effet, d'exposer à la lumière certaines parties d'un tableau, sans épaissir l'ombre projetée sur les autres points de l'image ?

Or je tenais, par-dessus tout, à n'être pas taxé de partialité à l'égard de certains de nos camarades qui avaient également droit à des mentions honorables.

Je m'aperçus bientôt, toutefois, que l'exagération de tels scrupules m'entraînait de Charybde en Scylla.

N'y avait-il pas des inconvénients à me renfermer dans un silence absolu, tout autant qu'à n'écrire qu'un historique partiel de notre légion régionale, quand la plupart des départements ont déjà pris soin de relater pieusement dans leurs annales les hauts faits de leurs enfants aux prises avec l'ennemi ? Alors que Paris et la province s'attachent à conserver la trace de leurs glorieux efforts, tentés en vue de la délivrance du pays, le département de l'Hérault pouvait-il seul négliger d'affirmer son patriotisme par un document authentique, énumérant les sacrifices consentis d'enthousiasme par nos populations, pour mettre un terme aux malheurs publics ?

J'ai présumé un instant que, tandis que j'écrirais l'historique des trois premiers bataillons, un historien se produirait pour faire valoir les titres des autres fractions de la garde mobile départementale à la reconnaissance publique. Mais ces fractions diverses, étant restées indépendantes les unes des autres, en vertu même de leur organisation spéciale, et leur intervention dans les événements militaires s'étant produite en général isolément, personne n'a sans doute osé assumer la tâche délicate qu'il ne me venait pas à la pensée de remplir moi-même à leur égard.

Forcément, en quelque sorte, l'historien n'a pas surgi pour relater consciencieusement leur rôle pendant la dernière guerre.

On pensera, peut-être, que les chefs des 4e et 5e bataillons pouvaient, ainsi que le commandant de la batterie d'artillerie, publier chacun une relation distincte de la participation prise par les troupes placées sous leur autorité à la lutte multiple que la France avait à soutenir. Mais quel intérêt régional chacun de ces récits spéciaux eût-il présenté au lecteur, alors qu'ils ne pouvaient être tous considérés que comme autant d'épisodes détachés de l'histoire générale de la garde mobile du département ?

Toutes les fractions de cette garde n'ont-elles pas d'ailleurs collaboré à une œuvre commune, quoique sur des points différents, c'est-à-dire à la sauvegarde du prestige et du patrimoine matériel de la nation? N'était-il pas rationnel, dès lors, qu'un seul document, répandu jusque dans le moindre de nos hameaux, fût destiné à rappeler au souvenir de nos concitoyens du département les services rendus, en 1870 et 1871, par l'universalité des jeunes gens de la contrée ?

Vouloir écrire une page d'histoire spéciale et distincte pour ceux d'entre eux qui ont payé de leur personne en Algérie ou sur le sol même de la France, à l'intérieur de la capitale ou aux armées de secours, ne pouvait que tendre à désagréger ce qui doit être indissolublement uni, et ce qui l'a toujours été en réalité par les nobles sentiments du patriotisme, aussi bien que par le numéro du régiment, 45, commun à tous.

Ceci explique comment je me suis déterminé à entreprendre moi-même ce que tout autre ne pouvait tenter avec des facilités égales, et à ajouter à l'historique militaire des trois premiers bataillons un historique des autres fractions de la garde mobile départementale.

A cet effet, j'ai recherché tous les renseignements propres à conduire cette œuvre à bonne fin, et cela tant auprès des officiers et sous-officiers comptant dans les cadres de la batterie d'artillerie et des portions d'infanterie détachées en Afrique, que des chefs qui les commandaient.

Je me suis efforcé en même temps d'éviter l'écueil de tout récit fantaisiste de nature à produire des contestations ultérieures, et, dans ce but, j'ai eu garde de me contenter des assertions les plus sincères.

Pour neutraliser toute complaisance instinctive, parfois familière à ceux qui parlent des corps auxquels ils ont appartenu et des opérations militaires dans lesquelles ils ont été engagés, j'ai contrôlé avec soin les affirmations par d'autres affirmations et cherché les éléments de la vérité dans les documents d'origine officielle, toutes les fois qu'il n'a dépendu que de mon pouvoir d'en référer à cet excellent mode de vérification.

Si, malgré les précautions prises pour fournir, au sujet des 4e et 5e bataillons ou de la batterie d'artillerie, un récit aussi exact que celui que j'ai précédemment donné des faits de guerre des trois premiers bataillons du régiment, ma religion a néanmoins été parfois surprise, il sera du moins démontré que l'erreur est involontaire, et j'accepterai volontiers, pour en faire bon profit, toutes les rectifications qui me seraient signalées par les parties en cause.

J'ai trouvé, chez la généralité de mes camarades de la batterie d'artillerie et des deux bataillons 4 et 5 de l'infanterie, tant de bienveillance, que bientôt il m'est devenu facile de m'ériger en historien de leur campagne, tant au siége de Langres qu'en Afrique.

Je leur rends grâces ici de ce concours amical.

Je remercie spécialement M. le capitaine de Villemejeanne, commandant de la batterie, et M. le commandant Coulet, de l'empressement avec lequel ils ont toujours mis à ma disposition et leurs notes, et leurs souvenirs, et leurs archives. Ils comprenaient tous les deux, en me venant en aide, qu'accéder à mes désirs était fournir encore au département natal ou d'adoption une preuve de la profonde sollicitude dont les gardes mobiles précédemment soumis à leur autorité ont ressenti pendant longtemps les paternels effets.

Obéissant à certaines considérations, fort honorables d'ailleurs, et qu'il serait superflu d'exposer ici, M. le Chef du 4e bataillon s'est montré moins disposé à entrer dans mes vues; de telle sorte que, pour ce bataillon surtout, j'ai dû puiser à d'autres sources qu'à celles du commandement le récit de son noviciat dans la carrière des armes et de ses prouesses en face de l'insurrection kabyle, dont il a entravé les progrès si menaçants, en mai 1871, pour la conservation de notre belle colonie.

Je regrette d'autant plus vivement la réserve dont cet officier supérieur a cru devoir faire preuve à mon égard dans la circonstance, que son bataillon est sorti glorieusement des épreuves de toute nature qu'il a eu à traverser. Son silence me laisse craindre toutefois d'avoir insuffisamment fait ressortir le mérite de ses braves compagnons d'armes attachés à la défense de Bougie, comme celui du chef émérite qui les commandait.

La précipitation avec laquelle toutes les portions de la garde mobile ont été successivement organisées et appelées à un service actif n'a jamais permis d'attribuer à nos bataillons la constitution vigoureuse des corps de l'armée régulière.

S'ils ont agi avec un dévouement à toute épreuve et manifesté d'excellentes qualités civiques, je suis obligé de reconnaître en même temps qu'ils n'ont pas dissimulé assez habilement, dans maintes circonstances, l'insuffisance trop réelle de leur éducation militaire fondamentale.

Mais à qui la faute? Est-ce à la garde mobile? Personne, assurément, ne songe à l'accuser, et il n'y a pas lieu, surtout aujourd'hui, de se montrer sévère à son égard, à propos de quelques mouvements d'indiscipline ni d'autres fautes commises par elle sans discernement aucun. Nos chers conscrits devaient indubitablement être sujets à des faiblesses dans des temps de démoralisation tels que ceux que nous avons eu à traverser, surtout lorsque le commandement était privé de son prestige ordinaire, et que les lois rigoureuses qui régissent les corps de troupes n'étaient ni appliquées, ni peut-être même susceptibles d'application.

Je signale néanmoins, en chroniqueur fidèle, les entraînements irréfléchis et parfois coupables dont nos jeunes gens n'ont pas eu la sagesse de se préserver, et mes jugements à ce sujet, formulés à propos des trois premiers bataillons, sont en tout point valables à l'égard des autres portions de la garde mobile départementale.

Recrutés avec les mêmes éléments et dans des conditions identiques les uns et les autres, aussi impressionnables, aussi enfants gâtés de leurs familles que leurs devanciers envoyés à Paris; appelés brusquement à servir comme ceux-là sans avoir été assouplis aux exigences impitoyables du métier des armes, nos mobiles de l'artillerie et d'Afrique manifestaient par leurs allures le péché originel de la trop grande indépendance de caractère dont ils étaient atteints, ils ne seront par conséquent pas exempts de mes critiques.

Si je n'ai pas été leur chef direct pendant la guerre, j'ai toujours été et je suis encore leur ami dévoué. Comme tel, il m'est défendu de les flatter mal à propos! Mes devoirs à l'égard de notre pays malheureux m'interdisent également toute dissimulation de la vérité, puisque, en prévision d'un nouvel appel de la patrie à l'énergie de ses enfants, chacun de nous doit être instruit de ses faiblesses et mis en mesure de faire beaucoup mieux que par le passé, quand, plus ou moins prochainement, sonnera l'heure d'une terrible et décisive *revanche*.

Avant d'entrer dans le récit des événements, je dois une explication à mes camarades d'Afrique, quelques-uns d'entre eux m'ayant interrogé sur un sujet délicat, puisqu'il m'est tout personnel.

A son retour de Paris, après le siége, le colonel présuma qu'il lui restait des devoirs à remplir vis-à-vis des bataillons détachés en Algérie, eu égard surtout à son expérience relative des choses de la guerre d'Afrique.

Il se mit à la disposition de l'autorité militaire, sitôt son arrivée à Montpellier, et sollicita son embarquement immédiat pour la province d'Oran.

Cette démarche, entreprise en fin mars, à une époque où personne ne prévoyait l'insurrection kabyle et ne pouvait mesurer non plus l'importance ou la durée de l'émeute parisienne, motiva de la part du ministre de la guerre une réponse négative.

M. le Général commandant la 10e division militaire la notifia au chef de corps par une lettre que je transcris :

Quartier général, à Montpellier, le 27 mars 1871.

« Mon cher Colonel,

» Ayant fait part au Ministre de la guerre de votre hono-
» rable zèle à lui offrir vos services pour aller prendre le
» commandement des deux bataillons de votre régiment ac-
» tuellement en Algérie, je reçois de Versailles la dépêche
» télégraphique suivante, que j'ai l'honneur de vous commu-
» niquer : »

« *Les mobiles de l'Hérault n'étant pas destinés à être maintenus*
» *en Algérie, remerciez en mon nom M. le colonel de Montvaillant*
» *de son empressement à se mettre à ma disposition.*

» *Le Ministre de la guerre,*

» *Signé :* Général Leflô.

» Recevez, mon cher Colonel, l'assurance de ma considé-
» ration très-distinguée.

» *Le Général de division, commandant*
la 10ᵉ division militaire,

» Signé : Gudin. »

La situation prévue par l'opinion publique s'étant considérablement aggravée plus tard, tant à l'intérieur que dans la
colonie, et l'énergique résistance des fédérés parisiens ne
permettant plus au Gouvernement d'entrevoir à quelle époque les troupes de l'armée reconstituée deviendraient disponibles pour la repression de l'insurrection algérienne, le colonel jugea à propos de renouveler ses offres de service.

Le Ministre de la guerre, appelé à se prononcer sur leur
acceptation, répondit dans les termes suivants à M. le Général de division, à Montpellier :

» Versailles, le 29 avril 1871.

» Général,

» Je vous prie de vouloir bien faire connaître à M. le Colo-
» nel des mobiles de l'Hérault que l'envoi de nouvelles trou-
» pes d'infanterie en Afrique *va permettre très-incessamment*
» au général commandant supérieur des forces de terre et de
» mer dans la colonie de rapatrier les gardes mobiles, et
» qu'il n'y a, dès lors, aucun intérêt de service à autoriser son
» déplacement. J'apprécie, d'ailleurs, tout le dévouement dont
» témoigne la nouvelle demande de cet officier supérieur.

» Recevez, Général....... etc.

» Pour le Ministre de la guerre et par son ordre :
» *Le Directeur*, Général Hartung. »

Mais si, pour répondre à des questions fréquemment re-
nouvelées, il était opportun de produire cette correspondance
justificative des causes qui nous ont empêché de rallier nos
camarades d'Afrique, après l'achèvement de notre mission
dans Paris, il convient surtout de mentionner qu'un grand
nombre d'officiers, sous-officiers ou gardes des trois premiers
bataillons, aspiraient ardemment à nous accompagner dans
toute nouvelle expédition à entreprendre outre-mer.

Pareil dévouement de leur part était absolument méritoire,
quand il ne l'était d'aucune façon du nôtre !

Montpellier, fév ier 1872.

LA GARDE MOBILE DE L'HÉRAULT

EN ALGÉRIE

PENDANT L'INSURRECTION KABYLE

I

Formation des 4ᵉ et 5ᵉ bataillons. — Leur organisation au dépôt. — Arrivée en Algérie. — Concentration des deux bataillons à Oran. — Soulèvement kabyle. — Embarquement des troupes. — Détachements du 5ᵉ bataillon dans la province d'Alger.

Les 12, 13 et 14 septembre 1870, les trois bataillons actifs de la garde mobile de l'Hérault s'étaient éloignés du département natal pour concourir à la défense de Paris, menacé d'un investissement prochain par l'armée allemande.

N'ayant emmené avec eux que 3,400 gardes environ, ces bataillons avaient laissé en arrière un grand nombre d'hommes au dépôt, récemment constitué au moyen des trois compagnies du régiment portant le numéro *huit*.

Celles-ci restèrent cantonnées provisoirement à Béziers, Lodève et Montpellier ; mais leurs effectifs étaient encore si élevés qu'il devint absolument indispensable de modifier une seconde fois l'organisation du corps, pour assurer l'exercice régulier de la discipline et les progrès de l'instruction.

En vertu des instructions ministérielles reçues à ce sujet de Tours, M. le général de division Maissiat prescrivit, dès le 1er octobre, la formation de deux nouveaux bataillons actifs, à sept compagnies l'un, comme ceux d'origine. La mesure fut aussitôt mise en pratique par le plus simple des procédés.

La 8e compagnie de la fraction de Béziers, à l'effectif de 1,100 hommes, se transformait en 4e bataillon, tandis que le 5e s'organisait avec un personnel de 1,500 gardes mobiles, au moyen des contingents fournis par Lodève et Montpellier

Le 4 octobre, M. le capitaine Coulet, de la 8e compagnie du 3e bataillon, prit place à la tête du 5e bataillon; et le commandement du 4e fut dévolu, quelques jours plus tard, à M. Astruc, ancien capitaine au 16e de ligne, récemment mis à la retraite.

Les points de concentration déterminés pour ces fractions de la garde mobile départementale de nouvelle formation étaient : Béziers pour le 4e bataillon, Lodève pour le 5e. La date de la réunion des hommes fut déterminée au 17 octobre.

Aussitôt commissionnés dans leurs nouveaux grades, MM. les commandants Astruc et Coulet s'occupèrent eux-mêmes de constituer leurs cadres en officiers, et furent assez heureux pour trouver un nombre suffisant d'anciens soldats expérimentés, qui voulurent bien accepter les commandements de compagnie que leur offrait l'autorité militaire.

Réunis le 17 octobre, MM. les Officiers donnèrent tous leurs soins à une rapide organisation, et, grâce à de multiples efforts partiels combinés ensemble, les gardes mobiles de l'Hérault étaient, dès le 1er novembre, habillés, munis d'une bonne couverture de campement et armés d'un fusil de qualité médiocre, il est vrai, mais susceptible cependant d'être utilisé tout au moins pour l'instruction [1].

Par suite des exigences de la lutte entreprise contre l'Allemagne, l'Algérie avait été considérablement dégarnie de troupes. Dans la province d'Oran, en particulier, il ne restait plus, depuis la déclaration de guerre, que quelques dépôts encombrés de jeunes recrues ou de non-valeurs, et un seul régiment de ligne, le 92e, dont le rappel à l'intérieur pouvait être prononcé d'un jour à l'autre.

Bientôt, en effet, le Gouvernement décida que ce dernier corps, le seul des régiments de l'armée française qui restât encore intact, croyons-nous, rentrerait en France, et serait remplacé dans la colonie par les bataillons disponibles de la garde mobile de l'Hérault.

---

[1] Ces détails relatifs à l'organisation sont d'une lecture peut-être fastidieuse, mais nous ne pouvons les passer complétement sous silence. Le soldat, qui n'a que la peine de recevoir ce que les règlements lui attribuent, ne se doute pas des peines prises par ses chefs pour les lui procurer. Il est bon qu'il les connaisse!

Les deux bataillons partirent de Béziers et de Lodève, en chemin de fer, le 5 novembre, pour être embarqués dès le lendemain à Toulon, sur le vaisseau *l'Intrépide,* qui les déposa, le 9 au matin, sur la plage de Mers-el-Kébir.

Quoique Oran se trouvât privé de garnison dans le moment, M. le général de Mésanges, commandant supérieur de la province, décida que les mobiles de l'Hérault iraient camper au plateau du village nègre jusqu'au jour où l'organisation, l'équipement et l'instruction, seraient assez en progrès pour permettre d'utiliser ces jeunes soldats d'une manière avantageuse.

Cet officier général ayant en même temps donné l'ordre de retirer des mains des hommes leur armement défectueux, chacune des compagnies reçut successivement, en échange de ses armes primitives, le fusil à percussion rayé qui a donné d'excellents résultats pendant la campagne de 1859, en Italie, et qui doit suffire, à plus forte raison, aux troupes stationnaires en Algérie, tout au moins en temps normal.

L'insurrection formidable qui s'est déchaînée quelques mois plus tard sur la colonie n'était alors prévue de personne.

Le cadre des bataillons était, à l'époque, constitué en officiers ainsi qu'il suit :

4° Bataillon

ÉTAT-MAJOR : *Chef de bataillon*, M. Astruc.
Médecin aide-major, M. Bonail.

Comp.	Capitaines	Lieutenants	Sous-lieutenants
1re	MM. Iché (Étienne)	Baron (Jules)	Delassus (Benjamin)
2e	Méjean	Compario	Nougaret

Comp.	Capitaines	Lieutenants	Sous-lieutenants
3e	MM. Mas (Étienne)	Cachés (Simon) f. f. d'adj.-maj.	Azaïs (Albert)
4e	Degeilh (Victor)	Escande (Élie)	Auriac (Denys)
5e	Bellonet (Alexandre)	Peyre (Marius)	Cabannes (Ulysse)
6e	Prunet (Henri)	Germa (Alfred)	Durand (Éloi)
7e	Nicolau (François)	Eustache (Marius)[1]	Martin (Émile)

5e Bataillon

État-major : *Chef de bataillon,* M. Coulet.
Médecin aide-major, M. Auzilhon.

Comp.	Capitaines	Lieutenants	Sous-lieutenants
1re	MM. Guyard (Léon)	Estoul (Nicolas)	Michel (Albin)
2e	Rouet (Émile)	Roger (Victor)	De Chapelain (Gaëtan)
3e	Collin (Modeste)	Carabasse (Élie)	Dumont (Frédéric)
4e	Castellani (Antoine)	Canal (Auguste) f. f. d'adj.-maj.	Poulaillon
5e	Cayrol (Louis)	Mellet (Jacques)	Garcin (Joseph)
6e	De Manas (Albert)	Desmazes (Paul)	Guibert (Léon)
7e	Galavieille (Scipion)	Cte de Seguins-Vassieux	Donnat (Léop.)

Un conseil d'administration éventuel, unique pour les deux bataillons, était créé quelques jours après leur débarquement en Afrique.

M. le commandant Astruc en reçut la présidence,

[1] M. le lieutenant Eustache fut autorisé à permuter, au mois de mai, avec M. le lieutenant Mourgues, du 1er bataillon, de retour de Paris

et tous les administrateurs qu'il s'adjoignit rivalisèrent d'efforts pour munir immédiatement les hommes des objets de grand ou petit équipement, du linge et des chaussures indispensables. Des marchés furent passés, tant à Alger qu'à Oran, et, au fur et à mesure des livraisons de nos fournisseurs, les gardes mobiles recevaient le matériel réglementaire qui leur avait fait défaut jusqu'alors.

Dans le courant de décembre, les bataillons abandonnaient le campement du village nègre pour occuper en ville des casernements réguliers. Le 4ᵉ bataillon s'établit à la caserne de la mosquée de Karguentah, et le 5ᵉ au baraquement de Saint-Philippe.

Les progrès de l'instruction, restés jusqu'alors sujets à des temps d'arrêt occasionnés par les exigences administratives, furent poursuivis à Oran dans des conditions plus favorables. Le bon vouloir et l'aptitude des officiers rendaient d'ailleurs la tâche facile au commandement, car chacun de ces auxiliaires dévoués mettait son amour-propre à prouver que nos intelligentes populations du Midi ont plus de goût pour le métier des armes que l'opinion publique ne l'admet généralement. Nos jeunes soldats apportaient, de leur côté, tout le zèle désirable dans leurs études ; l'exercice devint bientôt un jeu pour eux. En deux mois, ils avaient parcouru les écoles de soldat, de peloton, de tirailleurs, et commencé celle de bataillon, malgré les dérangements suscités par d'abondantes pluies.

Leur instruction marcha si bien, qu'à la revue trimestrielle de janvier, M. le Général de division remarqua, non sans surprise, la belle attitude des bataillons de l'Hérault, et crut devoir complimenter, à ce sujet leur corps d'officiers.

Quelques jours après cette revue, M. le général Cérez, commandant supérieur de la province d'Oran, sur le point de rentrer en France pour exercer un commandement actif à l'armée de la Loire, assurait à MM. les Commandants des 4ᵉ et 5ᵉ bataillons, réunis auprès de lui qu'aussitôt entré en rapport avec le ministre de la guerre, il demanderait notre milice départementale pour l'incorporer dans sa division.

Aucune faveur plus précieuse ne pouvait être accordée à la garde mobile de l'Hérault, qui désirait ardemmen avoir à combattre nos barbares envahisseurs et prendre part à la défense nationale. Son plus grand désir consistait à figurer un jour dans une bataille rangée, combinée avec une sortie de l'armée de Paris, afin d'être la première à donner la main à ses frères du département assiégés dans la capitale.

L'armistice survenu le 29 janvier arrêta les mouvements de troupe en cours d'exécution de l'Algérie vers l'intérieur, et la signature des préliminaires de paix fit cesser dans l'esprit de nos braves jeunes gens tout espoir de contribuer à la délivrance de la mère patrie.

La présence des mobiles n'était cependant pas inutile dans la colonie. La place forte d'Oran, l'une de nos positions les plus importantes, demande de nombreuses gardes pour veiller à sa sécurité.

Les hommes se familiarisaient avec ce service, en même temps que 300 d'entre eux étaient détachés chez les colons pour les aider dans leurs travaux d'agriculture et propager dans le pays les bonnes méthodes de culture de la vigne, dans laquelle le département de l'Hérault a acquis une si juste réputation. L'industrie privée empruntait, de son côté, quelques-uns de nos ouvriers, et l'artillerie prenait enfin 120 hommes pour la confection des cartouches. En un mot, si le rôle à remplir par le régiment restait modeste, son utilité était incontestable.

Deux compagnies du 4e bataillon avaient été détachées précédemment en dehors de la place. La 1re, capitaine Iché, à Arzew; la 2e, capitaine Méjean, à Mers-el-Kebir. Cette dernière fut bientôt ralliée par la 2e compagnie du 5e bataillon, capitaine Rouet, qui reçut l'ordre de se rendre sur le même point pour s'initier, lui et les siens, à la manœuvre du canon.

On attribue encore aujourd'hui l'origine de cette mesure à la prétendue présence d'une frégate prussienne dans les eaux de la Méditerranée, où elle aurait été signalée dans le courant de janvier,

Tenant à tort ou à raison la nouvelle pour exacte, nos jeunes gens se mirent en mesure de faire face aux exigences du service des batteries de place et côtes qui protégent la rade de Mers-el-Kébir.

Le tir à la cible ne fut pas négligé non plus. Pénétrés de son importance, les officiers y apportèrent toute leur attention, et les résultats des écoles à feu furent surprenants, pour la qualité des armes en usage dans les bataillons. A 200 mètres, on obtenait un chiffre de 38 à 40 pour cent des coups tirés ayant atteint le but.

Les détails qui précèdent démontrent que chaque partie de l'instruction recevait des soins en rapport avec son utilité, et, dès cette époque, nos bataillons pouvaient, sans appréhension, soutenir la comparaison avec les mobiles le mieux organisés et les plus instruits.

A défaut de champ de bataille, leur bravoure se révélait par des épreuves de toute nature.

Le vice-consul d'Angleterre la fit valoir par une lettre publiée le 27 février, dans les journaux de la localité, à l'occasion d'un terrible sinistre survenu en mer. Il s'exprimait dans les termes suivants :

« Monsieur le Directeur du journal,

» Vous avez parlé, dans votre dernier numéro, de l'in-
» cendie du navire anglais *Mary-Hall*, chargé d'alfa, in-
» cendie qui s'est produit dans le port d'Oran. Veuillez
» me permettre de compléter votre compte rendu, en
» rendant hommage aux pompiers, à la marine et aux
» troupes de la garnison, qui ont tous rivalisé de zèle
» et de dévouement, en essayant de sauver des flammes
» ce malheureux navire.

» A la tête des travailleurs se trouvaient MM. N...,
» N... et *Galavielle, capitaine des gardes mobiles de l'Hé-
» rault*..... etc., etc. Je remercie publiquement ces
» messieurs de leur intelligente direction et de leurs
» énergiques, mais infructueux efforts.

» Je dois faire particulièrement remarquer que, dans
» l'après-midi, la houle étant plus forte, les difficultés
» se sont accrues. Il a fallu alors tout le dévouement et
» la patience des capitaines W... et *Galavielle*, et de

» leurs hommes, pour continuer à travailler à l'extinc-
» tion de l'incendie et secourir des Anglais en détresse,
» malgré le ballotage et l'incommodité de la mer.

» Comme il serait trop long d'énumérer toutes les per-
» sonnes qui ont pris part à ce sauvetage périlleux, je
» les prie de recevoir ici, au nom de l'équipage du *Mary-*
» *Hall,* mes sincères remerciements.

» Agréez, Monsieur le Directeur..., etc.

» *Le Vice-Consul d'Angleterre,*
» ANTHONY BOZZO. »

Dans un autre incendie considérable, qui avait éclaté précédemment à l'intérieur de la ville, la garde mobile de l'Hérault s'était également distinguée au point de mériter un grand nombre de citations individuelles, indépendantes des éloges généraux décernés au corps tout entier par les diverses autorités de la place.

Le rôle militaire de la garde mobile de l'Hérault paraissait terminé! Le pénible traité de paix souscrit à Paris, en fin mars, avait rendu les trois premiers bataillons à leurs foyers! A leur tour, les 4e et 5e pouvaient s'attendre à rentrer prochainement dans la vie privée, lorsque au commencement d'avril, l'insurrection de Kabylie éclata soudain, précédée dans nos possessions du sud-est (cercle de Souk-Arrhas), d'un terrible soulèvement provoqué par les intrigues du chérif Si-Kadour-ben-Hamza.

La révolte survint d'autant plus imprévue que, pendant la guerre soutenue contre l'Allemagne, l'Algérie avait fourni de nombreux contingents à nos régiments indigènes ; que ces derniers avaient, suivant leur habitude, vaillamment combattu pour la cause française, et que, dispersés ensuite dans les prisons de l'ennemi, au delà du Rhin, ces braves soldats aspiraient ardemment, comme les nôtres, après l'heure de la délivrance pour revoir la mère patrie et leurs familles !

Or toute rebellion dans la colonie ne pouvait que retarder le rapatriement de nos malheureux prisonniers !

Mais le fanatisme religieux ne tient que médiocrement compte de ces considérations philanthropiques ! L'occasion paraissant opportune aux chefs du mouvement pour secouer la domination française, ils prêchèrent la guerre sainte au milieu des tribus, et n'éprouvèrent aucune peine à rallier de nombreux adhérents à leur programme insurrectionnel.

En peu de jours, le Sud et toute la Kabylie furent en feu ! Bientôt après, ne rencontrant aucune résistance à leurs coupables desseins, les révoltés s'avancèrent jusqu'aux portes d'Alger, brûlant, pillant et massacrant tout sur leur passage !

La situation était devenue critique !

Il eût fallu au Gouverneur général des secours qu'il ne pouvait demander encore à la France, à peine en état elle-même de réprimer le terrorisme de la Commune, opération militaire qui exigeait, plus que tout le le reste, l'emploi des forces disponibles de l'armée régulière.

En cet état de circonstances fatales, la colonie dut suffire à son propre salut !

La province d'Oran étant restée tranquille fort heureusement, la mobile de l'Hérault fut désignée pour aller protéger les colons menacés dans la province d'Alger.

Lorsque l'ordre relatif à cette honorable mission fut communiqué au corps, chacun des intéressés laissa échapper un soupir de satisfaction. On entendait nos jeunes gens se communiquer leurs impressions les uns aux autres et s'exclamer avec enthousiasme :

« *Nous ne rentrerons donc pas en France,* disaient-ils, *sans avoir été au feu, sans avoir reçu son baptême, nous aussi !* »

Le 19 avril, les 2ᵉ, 3ᵉ compagnies, et l'une des sections de la 4ᵉ du 5ᵉ bataillon, s'embarquèrent sous les ordres du commandant Coulet, sur le *Zouave,* des Messageries nationales, à destination d'Alger, emmenant également les hommes désignés déjà pour rentrer les premiers en France, à titre de soutiens de famille.

Débarqué le 20, ce demi-bataillon est désigné, dès le lendemain, pour faire partie de la colonne expéditionnaire d'avant-garde de la Kabylie, commandée par le colonel Fourchault. Il part le même jour, va camper le soir au Hamis, à vingt kilomètres d'Alger.

Le 22 avril, la colonne atteint le village de l'Alma, au moment même où les indigènes insurgés en opéraient l'attaque, au nombre de plusieurs milliers ; mais le brave Fourchault a vu le danger : il s'élance à la tête de ses troupes, refoule les assaillants, les disperse ensuite à coups de canon, et sauve cette petite localité d'une destruction certaine.

Sans avoir été engagée pendant le combat sur les points les plus périlleux, la mobile avait été néanmoins soumise au feu, et, suivant son désir, avait fait bravement son devoir, elle aussi !

Laissons pour quelques instant ce demi-bataillon campé aux abords de l'Alma, dont les avants-postes eurent à échanger fréquemment des coups de feu avec les insurgés, pour suivre la marche du second demi-bataillon et celle du 4e tout entier.

Le 21 avril, le transport *le Jura,* qui avait emporté d'Oran le 4e bataillon et le restant du 5e, arriva dans le port d'Alger.

Il y débarqua les 1re, 5e, 6e compagnies et l'autre moitié de la 4e, et continua sa route sur Dellys et Bougie, portant une partie de la mobile de l'Hérault au secours de ces places, étroitement bloquées par les révoltés.

Le 22, à midi, Dellys recevait dans ses murs les 1re, 2e et 3e compagnies du 4e bataillon, et 40 hommes de la 7e du 5e.

Les 4e, 5e, 6e, 7e compagnies du 4e bataillon, et la grosse fraction de la 7e du 5e, mirent pied à terre à Bougie, quelques heures plus tard.

Ces divers détachements ayant eu à exercer un rôle distinct, il convient de nous occuper de chacun d'eux, successivement, suivant leur ordre naturel de débarquement ou suivant leur importance, en commençant par la fraction du 5e bataillon laissée à terre à Alger, le 21 avril.

Ce détachement (composé, comme il a été dit, des 1re,

5ᵉ, 6ᵉ compagnies, et d'une section de la 4ᵉ) fut envoyé au camp de Mustapha, près d'Alger, pour attendre de nouveaux ordres.

Il s'y trouva en contact avec les mobilisés du département de la Côte-d'Or, qui rentraient en France.

Les hommes de ce corps n'étaient plus soldats! Appelés à servir en vertu d'une loi exceptionnelle, dont les effets avaient cessé, ils avaient demandé et obtenu leur rapatriement.

Les fâcheux conseils et les exemples d'indiscipline que quelques-uns d'entre eux fournirent aux mobiles de l'Hérault ne manquèrent pas d'exercer de l'influence sur ces derniers, nous devons l'avouer.

Ces fâcheuses dispositions se révélèrent à l'occasion de l'ordre de départ pour l'Alma donné à nos jeunes gens. Une certaine hésitation se manifesta dans son exécution; mais, en apprenant les mauvaises nouvelles de l'intérieur, qui en motivaient l'urgence, les mobiles de l'Hérault comprirent aussitôt leur faute, et se hâtèrent de la réparer [1].

Orléansville est menacé! Il faut sauver Orléansville, dégarni de troupes, et c'est au dévouement de nos compagnies qu'un appel pressant a été justement adressé!

Soustraits aux pernicieuses influences qui avaient agi sur l'esprit de quelques hommes, les mobiles partirent

---

[1] Les mobiles ne se rendaient pas très bien compte de la différence du régime militaire existant entre eux et les mobilisés. A les entendre, si les uns rentraient dans leurs foyers, les autres devaient partir également; mais si, au contraire, la possession de notre colonie était menacée sérieusement, personne ne devait être soustrait aux charges du service obligatoire! Avaient-ils absolument tort de raisonner de la sorte ?

sans murmurer, et leur présence dans la vallée du Chélif suffit aussitôt pour faire rentrer les tribus dissidentes dans le calme et le devoir.

Tout danger n'étant cependant pas conjuré de ce côté pour l'avenir, il y avait lieu de mettre cette place à l'abri d'un coup de main ultérieur, par des travaux maçonnés et des terrassements destinés à compléter les fortifications insuffisantes dont elle était déjà pourvue. Les mobiles prennent aussitôt la pioche et la truelle, se mettent à l'ouvrage bravement, et, grâce à leur bon vouloir, la ville se trouva complètement fermée en moins de quinze jours. Les habitants se rassurèrent, et se montrèrent reconnaissants de ce service rendu !

Ces travaux terminés, et la sécurité de la place ne réclamant plus le même nombre de défenseurs, la 2e section de la 4e compagnie fut détachée à Ténez, où elle séjourna paisiblement jusqu'au moment de sa rentrée en France.

Tandis que ce demi-bataillon rendait ces importants services, le demi-bataillon resté à l'Alma avait été dispersé dans les postes qui ferment la plaine de Mitidja, pour assurer la défense de la ligne de Boudouaou, qui s'étend du Fondouck à la mer.

Ses cantonnements furent disposés ainsi que nous allons l'indiquer :

La 2e compagnie reçut ordre de s'établir dans le camp retranché du Fondouck ;

La 3e, dans les villages de l'Alma, de Saint-Pierre et de Saint-Paul ;

La 1re section de la 4e compagnie devait couvrir la

ferme de San-Salvador et le pénitencier de M'zara, renfermant 115 détenus arabes.

Ces détachements avaient encore mission de faire de fréquentes sorties en avant des postes occupés par eux, et d'informer toujours le colonel Fourchault du résultat de leurs opérations.

Tandis que ces dispositions étaient assurées sur les points précités, la colonne expéditionnaire de Kabylie, d'un effectif de 4,000 hommes, 10 obusiers et 2 mitrailleuses, achevait de s'organiser à l'Alma ; le général Lallemand, gouverneur de l'Algérie, en prenait le commandement et s'avançait ensuite, à la tête de ses troupes, vers le col de Béni-Aïcha, pour débloquer Tizi-Ouzou et le Fort-National, inabordable dans le moment.

Les limites de ce travail historique ne comportant pas le récit des opérations du corps expéditionnaire de la Kabylie, nous nous bornerons à faire ressortir, au bilan utile de la garde mobile de l'Hérault, la seule part qui lui revienne.

Echelonnée sur la ligne de retraite de la colonne française, elle assura constamment ses communications avec Alger, et contribua dans cette mesure au succès du plan de campagne du général en chef.

Enfin, le 28 avril, prévenu par M. le Directeur du pénitencier que les Arabes de la tribu de M'zara avaient plié leurs tentes et se disposaient à passer à l'ennemi, M. le capitaine Castellani, assisté de 60 hommes de la 1re section de la 4e compagnie, se porta en reconnaissance pour s'assurer de cette défection et tenter de l'entraver.

Tandis qu'il opérait son mouvement, il constata que la plus grande partie des gens de la tribu avait émigré pendant la nuit, mais que les tentes de quelques familles restaient encore à charger sur les bêtes de somme. Il accéléra sa marche pour surprendre au moins les traînards.

A l'arrivée de la petite colonne, les retardataires cherchèrent à fuir, et ils y fussent certainement parvenus si le chef de détachement n'avait pris soin de lancer d'avance une demi-section, commandée par un officier, dans le ravin par lequel, suivant ses prévisions, les rebelles tentèrent de se dérober à nos atteintes.

M. le sous-lieutenant Michel, détaché provisoirement de la 1re à la 4e compagnie, fut chargé de cette honorable mission.

Grâce aux mesures prises, l'opération réussit aussi bien que possible; elle eut pour résultat d'assurer la capture de sept prisonniers, de leurs bagages, de quelques armes et d'un troupeau de soixante moutons. Le tout fut envoyé à l'Alma, où se trouvait l'état-major de la colonne expéditionnaire, et M. le capitaine Castellani fut justement complimenté à l'occasion de cette razzia, opérée avec beaucoup d'intelligence.

L'heure du repos devait sonner enfin pour le 5e bataillon du 45e régiment provisoire !

Un premier détachement partit pour la France le 14 juin, et les autres lui succédèrent assez rapidement.

Le commandant Coulet s'embarquait en personne, le 30 juin, sur le transport *la Dryade*, ramenant les derniers hommes de son bataillon, auxquels le bonheur était donné de revoir leur chère patrie, le 2 juillet, après huit longs mois d'absence.

Les gardes mobiles revenus du siége de Paris, depuis les derniers jours de mars, avaient eu déjà le temps d'oublier leurs propres épreuves pour ne plus songer qu'à faire le meilleur accueil à leurs camarades d'Afrique, dont l'attitude superbe et les visages bronzés inspiraient le respect et les sympathies des populations, accourues à leur rencontre de tous les points du département natal.

II

Détachement de Bougie

Du 22 avril au 26 juin 1871

Composition et installation du détachement. — Etat politique du pays; état militaire de la place en fin d'avril. — Sa description topographique. — Quels étaient ses moyens de défense. — Nombreux assauts successifs des Kabyles, repoussés par la garnison. —Appréciations flatteuses sur les services rendus par le régiment. —Rentrée du détachement en France, en fin juin 1871.

Les 4e, 5e, 6e, 7e compagnies du 4e bataillon et la 7e compagnie du 5e bataillon du 45e régiment de mobiles débarquèrent à Bougie, le 22 avril au soir, pour concourir à la défense de cette place dont la conservation était en péril, eu égard au petit nombre de défenseurs qu'elle comptait dans ses murs et à l'audace des tribus kabyles qui tenaient la campagne tout autour de la ville.

A les voir s'avancer journellement de tous côtés par les hauteurs, par groupes nombreux et bannières déployées, pour se rapprocher des points d'attaque, admirablement choisis par eux, les anciens Bougiotes se seraient crus revenus aux plus mauvais moments de l'année 1835.

L'ennemi faisait preuve d'une bravoure et d'une témérité remarquables. Il ne s'agissait d'ailleurs de rien moins pour lui que de profiter de l'effectif considérablement réduit de la garnison, pour s'emparer de la place avant que celle-ci n'eût reçu les renforts attendus, soit de France, soit de quelque autre point du littoral mieux pourvu de défenseurs.

Le moindre avantage acquis par les musulmans révoltés ayant d'habitude pour effet de leur inspirer une confiance aveugle dans le résultat final de leurs entreprises, tous étaient convaincus déjà que, après avoir intercepté les communications des Français avec l'intérieur, il ne leur restait plus qu'un effort énergique à produire pour redevenir maîtres de l'ancienne capitale des Hammadites, que les chrétiens tenaient en leur pouvoir, pour la seconde fois, depuis le 26 septembre 1833.

Les marabouts, prêchant la guerre sainte dans le pays berbère, avaient formellement assigné la date de notre déchéance. Bougie devait jouer, pour notre prestige militaire en Algérie, le rôle fatal que Sedan avait exercé en France, aux yeux de l'Europe stupéfaite.

Il n'y avait fort heureusement que peu d'indigènes dans la place, pour favoriser le plan de l'insurrection kabyle, car cette partie de la population se trouve aujourd'hui réduite à quelques centaines d'individus, dont un tiers composé de Kouloughis, c'est-à-dire de familles d'origine croisée de Turc et de Maure, et par conséquent assez indifférentes, en général, à passer du régime d'un maître sous celui d'un autre [1].

---

[1] Les Kouloughis, dont le nom est turc et signifie littéralement *fils d'esclave*, sont les produits des unions contractées par les Turcs avec les femmes de l'Algérie. Ils vivent généralement par groupes. Au moment de la déchéance des Turcs, les Kouloughis se virent

Quant aux goums, en nombre suffisant, fournis par les tribus fidèles ou indécises, l'autorité militaire pouvait compter sur leur concours, tant qu'aucun nouveau fait d'armes saillant, désavantageux pour nous, ne viendrait se produire autour de la place.

Mais, depuis l'arrivée des cinq compagnies de mobiles de l'Hérault, conduites à destination par le commandant Astruc, et dont l'effectif s'élevait à plus de 600 hommes, M. le chef d'escadron de Reilhac, commandant supérieur du cercle, pouvait compter, sinon sur un fait de guerre suffisamment décisif pour impressionner profondément les masses indigènes et ramener les tribus extérieures à la soumission, du moins sur la conservation intacte de sa ligne fortifiée.

La position de Bougie, très-puissante par elle-même et par la ceinture de forts qui protége ses accès, permettait désormais à l'autorité militaire d'envisager la situation sans inquiétude poignante.

La place de Bougie se dresse sur l'emplacement de la

---

en butte aux attaques des tribus arabes et berbères qui les entouraient. Ils n'eurent d'autre ressource que de se jeter dans les bras de la France. Depuis que la garnison de Tlemcen et celle de l'Ouad-Zitoun se sont les premières détachées du massif indigène, pour se ranger sous nos lois, alors que l'autorité française ignorait presque leur existence, les Kouloughis ont constamment fait cause commune avec nous, et beaucoup d'entre eux ont pris du service dans notre infanterie, où ils se sont conduits toujours en braves et fidèles soldats.

Le nombre des Kouloughis, en Algérie, peut s'élever à 15 ou 20 mille.

colonie romaine dénommée *Saldæ* dans l'histoire ancienne.

La ville et le port occupent le segment occidental du large hémicycle que dessine le golfe, situation analogue à celle des principaux établissements maritimes de l'Algérie.

Elle est bâtie en amphithéâtre, sur deux croupes exposées au sud, et séparées par un ravin profond, appelé l'Ouad-Abzas. Le ravin et les deux mamelons viennent se perdre dans la mer, en formant une petite baie qui est le port actuel de Bougie.

En arrière de la ville, règne un plateau de cent quarante-cinq mètres d'élévation, d'où s'élance à pic, à une hauteur de six cent soixante et onze pieds, le mont Gouraïa, remarquable par ses pentes abruptes, sa teinte grisâtre et ses formes décharnées.

La crête du Gouraïa s'abaisse par ressauts successifs jusqu'au cap Carbon, qui ferme à l'ouest le golfe de Bougie. Un des bras du cap Carbon, qui présente à la mer une muraille perpendiculaire d'énormes rochers d'un rouge fauve, forme, sous le nom de cap Bouac, une jetée naturelle, qui abrite des coups de mer et des coups de vent une anse connue sous le nom de Sidi-Iahia, anse voisine immédiate du port de Bougie, et l'un des plus sûrs mouillages de la côte d'Afrique[1].

N'y eût-il donc pas eu d'autres motifs pour tenir à la possession de Bougie, celui-là seul la rendait à tout prix indispensable.

---

[1] Ces renseignements topographiques sur Bougie sont en partie extraits de l'excellent ouvrage de M. Carette sur l'Algérie, et l'auteur de cet historique les a complétés avec le secours de ses propres souvenirs.

Le Gouraïa détache du côté opposé, c'est-à-dire vers le sud-est, d'autres contreforts, dont les dentelures juxtaposées, séparées les unes des autres par des ravins étroits et profonds, rayonnent au loin tout autour de leur nœud de rencontre.

Sur les arêtes les plus rapprochées de la ville, et sur une ligne circulaire à peu près parallèle à la direction générale du mur d'enceinte, sont rangés des ouvrages de fortification que nous désignerons suivant leur ordre naturel, en descendant des sommets vers la plaine.

Ce sont : les forts Gouraïa, Le Mercier, la tour Doriac, le Vieux-Blockhaus, Clauzel, des Fossés.

D'un autre côté, les forts Mouça, Abd-el-Kader et de la Kasba, croisent leurs feux en avant du port, tandis que Bridja, sur une éminence, protége simultanément et la rade de Bougie, et l'anse de Sidi-Iahia.

Les défenses naturelles faisant défaut au versant sud-est de la ville, les ingénieurs du génie militaire ont comblé largement cette lacune, dans les premiers temps de la conquête, en multipliant les moyens de protection artificiels que suggère l'art de la guerre.

La garnison de Bougie se composait, en fin avril, d'un bataillon du 80e de ligne, du dépôt du 21e bataillon de chasseurs à pied, de quelques artilleurs et ouvriers du génie, de divers escadrons du goum, et enfin de la compagnie de condamnés militaires aux travaux publics, dont le pénitencier est établi à demeure dans la localité.

Les marins des avisos de l'État qui font le service du littoral prêtaient, à l'occasion, main-forte à la défense, et l'impartialité nous oblige à reconnaître qu'employés, soit comme troupes de débarquement, soit en qualité de servants des pièces de la marine, ces derniers ont rendu les meilleurs services à la place, pendant les diverses attaques dirigées contre elle par les Kabyles insurgés.

Dès leur arrivée à Bougie, nos jeunes mobiles s'étaient acquis par leur belle attitude, leur discipline et leur bon vouloir, l'estime et la sympathie de la population, la confiance des autorités et des autres corps de la garnison.

A peine débarqués, ils furent chargés et surchargés de besogne, par l'exécution des travaux qui incombent d'ordinaire aux défenseurs d'une ville bloquée.

Il fut décidé que la 7ᶜ compagnie du 5ᵉ bataillon, et une partie de la 7ᶜ du 4ᵉ (lieutenant Peyre), présentant ensemble un effectif de 300 hommes, placés sous le commandement du capitaine Galavieille, occuperaient immédiatement les postes avancés, en remplacement d'un bataillon d'infanterie de ligne récemment parti en colonne. Le surplus du bataillon s'installa dans les casernes; enfin, pour équilibrer le service des uns et des autres, M. le Chef de bataillon commandant le détachement prescrivit que les gardes extérieures seraient relevées tous les vingt jours.

Toutes ces mesures furent prises rapidement. Les mobiles n'avaient pas de temps à perdre, d'ailleurs, pour s'établir dans leurs nouveaux cantonnements, car les Kabyles manifestaient plus vigoureusement de jour en jour leur résolution formelle de procéder bientôt à une attaque furieuse.

Aux coups de feu isolés qui s'échangaient constamment entre nos sentinelles et les leurs allait, en effet, succéder un engagement sérieux.

Bougie fut attaquée le 25 avril, à deux heures de relevée, sur la ligne sud-est des forts, par de nombreux contingents kabyles, descendus des M'zaïa et des Beni-Tizi.

Le 80ᵉ de ligne et le 21ᵉ bataillon de chasseurs furent aussitôt envoyés en avant de la ligne des forts, pour repousser les assaillants, et la ligne tracée par ces corps se prolongeait brisée en angle obtus, vers la mer, pour se raccorder à la 7ᵉ compagnie du 4ᵉ bataillon, que commandait M. le lieutenant Peyre. Cet officier se signala dans cette affaire par sa bravoure et sa présence d'esprit.

La 7ᵉ compagnie du 5ᵉ bataillon (capitaine Galavieille), disposée en réserve dès le commencement de l'action, conformément aux instructions du commandant supérieur, avait pris place en arrière de l'intervalle compris entre le fort Clauzel et le fort des Fossés, où elle contribua d'une manière utile à soutenir la retraite lorsque, au déclin du jour, le 80ᵉ de ligne rentra dans ses positions, après avoir perdu douze à quinze hommes tués ou blessés.

Les autres compagnies du régiment, établies en seconde réserve, furent maintenues pendant le combat, un peu en arrière de la compagnie Galavielle.

Ce premier engagement, quoique non meurtrier pour la garde mobile de l'Hérault, lui fit honneur. Un seul de nos camarades avait été légèrement atteint : c'est un garde mobile de la 7ᵉ compagnie du 4ᵉ bataillon, dont le képy fut traversé par une balle, et qui s'estima bien heureux d'en être quitte pour une simple contusion.

Les Kabyles, plus maltraités que les défenseurs de la place, se replièrent bien au delà de leurs lignes, et, pendant les quelques jours suivants, soit du 26 au 30 avril, il y eut comme une suspension d'armes tacite entre les assiégeants et les assiégés.

Ces derniers avaient soin néanmoins de se garder avec toutes les précaution en usage vis-à-vis d'adversaires aussi perfides que ceux auxquels ils avaient affaire.

Des reconnaissances nombreuses furent opérées avant la pointe du jour, jusque sur les premières crêtes qui se détachent du Gouraïa, en devant des forts, et dans les ravins avoisinants.

Ces marches, à la découverte de l'ennemi, étaient pratiquées au régiment par les compagnies postées à Sidi-Touati, auxquelles partie du dépôt du 21e bataillon de chasseurs venait fréquemment s'adjoindre.

La réapparition d'énormes contingents ennemis dans le voisinage de la place permit de pressentir, dès le 29 avril, des événements nouveaux à prochaine échéance.

Ils eurent lieu le lendemain !

L'affaire du 30 avril prit bientôt un caractère plus général que la précédente, quoique l'attaque principale des Kabyles ait été dirigée surtout vers la plaine, du côté du fort des Fossés, dont le 80e de ligne défendait les approches.

Pendant que les diverses compagnies de la garde mobile départementale étaient plus ou moins engagées, en défendant les crêtes qui relient le fort Lemercier au fort des Fossés, la 5ᵉ compagnie du 4ᵉ bataillon (capitaine Bellonet) soutenait, pendant près de trois heures, dans la plaine, un feu de tirailleurs très-vif. Elle prit la part la plus active au combat jusqu'au moment de la retraite, et dut alors se replier en ordre à son tour, pour s'établir à la tombée de la nuit derrière la ligne des forts avancés.

Enfin la 4ᵉ et la 6ᵉ compagnie du même bataillon avaient pris position auprès du fort Clauzel, d'où elles ont également échangé un feu nourri et prolongé avec l'ennemi.

Dans cette affaire, M. le sous-lieutenant Durand fut très-grièvement blessé, pendant qu'il donnait l'exemple de la bravoure aux soldats de sa compagnie. Malgré le déplorable état de sa santé dans le moment, cet excellent officier avait tenu à cœur de conduire sa section dans une circonstance où elle marchait au feu pour la première fois.

Quelques mobiles furent également atteints par les projectiles de l'ennemi et, pour la plupart, cités à l'ordre du jour du bataillon par le chef de détachement, juste appréciateur de leur courage.

La journée se terminait sans produire aucun avantage en faveur de l'insurrection.

Après cet échec, l'ennemi, obligé de reconstituer ses forces et ses moyens d'attaque, s'abstint de toute démonstration hostile pendant les jours suivants ; ce qui laissa quelque repos aux défenseurs de la place, et leur permit d'opérer le ravitaillement des forts, précaution indispensable à prendre en prévision des événements de guerre attendus encore autour de l'enceinte.

Quiconque est au courant des mœurs berbères sait, en effet, qu'après s'être décidés à prendre les armes, ces guerriers ne se résignent à les poser que lorsque leur cause est jugée par eux-mêmes perdue absolument.

Certains travers humains sont d'ailleurs les mêmes à peu près partout.

Il est probable que, moins confiants, dès cette époque, dans le succès qu'ils n'affectaient de le paraître, les plus compromis d'entre les Kabyles préféraient entraîner bien des malheureux dans leur ruine, plutôt que de se soumettre isolément eux-mêmes aux exigences du vainqueur [1].

---

[1] Les Kabyles, parfaitement renseignés sur les événements surgis en France, avaient tout intérêt, d'ailleurs, à traîner la résistance en longueur, puisque le triomphe de la Commune devait, le cas échéant, entraîner fatalement pour nous la perte de la colonie tout entière.

Le succès de Paris et la déchéance de l'Assemblée nationale n'étaient à prévoir, en effet, qu'autant qu'une défection en masse se serait produite dans les rangs de l'armée de Versailles. Or, une fois l'esprit de discipline des troupes atteint à l'intérieur, s'imagine-t-on, par hasard, que les régiments de nouvelle formation employés en Afrique se fussent bénévolement résignés à guerroyer par sentiment pur de leurs devoirs ?

C'eût été, dès ce moment, dans la colonie aussi bien qu'en France, une ignoble et générale débandade de soldats, abandonnant nos établissements, nos richesses, notre honneur, leurs concitoyens,

Le 8 mai, à deux heures du soir, l'alerte est de nouveau donnée aux troupes de la garnison, qui furent sur pied en un instant.

Les Kabyles, descendant en masse des crêtes, se portaient sur le fort des Fossés.

Dès l'attaque, la 7ᵉ compagnie du 4ᵉ bataillon, conduite par son chef, le lieutenant Peyre, eut à soutenir le bataillon de ligne engagé entre le fort Clauzel et la tour Doriac; la 7ᵉ du 5ᵉ détachait en même temps une section (lieutenant de Seguins) entre le fort Clauzel et celui des Fossés, tandis que le capitaine Galavieille, avec

leurs armes et leurs drapeaux, pour regagner leurs foyers par tous les navires accessibles.

Quant aux colons, qui, pour la plupart, ne perdent pas une seule occasion de manifester des idées radicales et des préférences anarchiques, quels avantages eussent-ils retiré d'une situation aussi déplorable? Y ont-ils réfléchi?

Ont-ils oublié si vite les désastres de Palestro?

Réduits à se protéger eux-mêmes, ils ne pouvaient que s'attendre à voir souiller, massacrer leurs femmes et leurs enfants, avant de périr eux-mêmes dans les supplices ou dans l'incendie de leurs propres maisons.

Il est donc incontestable que le succès de l'insurrection parisienne eût entraîné pour la France la perte de l'Algérie et l'extermination des résidents européens.

Or, si tel eût été l'un des nombreux effets malfaisants du gouvernement de la Commune, et nous défions toute contradiction à cet égard, il n'est pas un seul Français honorable capable encore de sympathiser à un degré quelconque avec un pareil régime politique.

le surplus (80 hommes) de cette compagnie, se portait par ordre en avant de ce dernier ouvrage.

Mais le feu de l'ennemi devint bientôt d'une telle violence sur ce point, que cet officier dut renoncer à poursuivre sa marche en avant et se contenter de tenir en position.

A trois heures de l'après-midi, une compagnie de chasseurs à pied fut envoyée, par le Commandant supérieur, en renfort de ce côté, pour soutenir nos tirailleurs.

Pendant ce temps, la 5e compagnie occupait les crêtes et défendait l'intervalle de la tour Doriac au fort Lemercier, appuyée elle-même sur une partie de la 6e compagnie.

Le restant du bataillon, affecté comme réserve pendant le combat, avait pris position au centre de la ligne, en arrière du fort Clauzel.

Les résultats de la journée se présentaient cependant encore une fois en faveur de nos armes. Malgré l'ardeur et la tenacité des assaillants, les groupes kabyles, descendus trop hardiment dans la plaine, furent repoussés par les spahis, et contraints de repasser la Souman [1] à la nage.

Une seconde colonne d'insurgés, s'étant avancée au secours de la première, subit le même sort, tandis que les réserves ennemies, habiles à profiter des moindres accidents de terrain pour se rapprocher de nous, cou-

---

[1] Nom d'une importante rivière qui se jette dans la mer après avoir arrosé la plaine de Bougie.

vraient d'une grêle de balles nos tirailleurs jetés en avant de Clauzel et du fort des Fossés.

Les meilleurs coups tirés du dehors paraissaient provenir d'une maison dans laquelle quelques Kabyles se tenaient embusqués.

S'étant aperçu bientôt de l'importance de cet abri, M. le commandant Pierron[1] demanda dix volontaires pour les en déloger.

Six hommes des travaux publics s'offrirent immédiatement, tandis que le mobile Martin (Guillaume), le caporal Durand et le sergent-major Poujol (Saint-Paul), revendiquaient au même instant l'honneur de faire partie de la petite expédition.

S'étant mis en route, le petit groupe de volontaires gagna d'abord du terrain, quoique s'avançant à travers mille dangers ; mais, bientôt obligé de s'arrêter, il dut rétrograder de quelques pas en arrière, pour se garer et se préserver d'une destruction complète.

Sur ces entrefaites, et fort à propos, les marins de la *Jeanne-d'Arc* arrivent au secours des nôtres ! La petite troupe reprit courage, malgré l'impression pénible causée par la mort d'un condamné de l'atelier, le nommé Dubois, qui reçut une balle en pleine poitrine et tomba sur le coup ; elle s'empara de la maison, puis d'une seconde, et les occupa fortement.

La retraite sonna à sept heures, mais elle s'opéra sans difficulté cette fois, les Kabyles en ayant pris l'initiative.

[1] Chef du service au train militaire de la place.

M. le capitaine Galavielle et M. le lieutenant Auriac furent contusionnés pendant ce combat par des balles mortes, qui atteignirent le premier de ces officiers au genou, et le second plus fortement à l'omoplate droite.

A cette dernière entreprise de l'ennemi, misérablement avortée comme toutes les autres, succéda une nouvelle période de calme, qui ne devait pas être plus durable, toutefois, que les précédentes.

M. le commandant Astruc en profita pour opérer le changement de casernement arrêté à l'arrivée du bataillon, et pour relever dans leurs positions les compagnies détachées.

Le 11 mai, les 4e et 5e compagnies du 4e bataillon remplacèrent, à Sidi-Touati, les deux 7es et la section de la 6e compagnie; les postes relevés s'établirent, à leur tour, dans la partie de la caserne Bridja devenue disponible.

A propos de l'engagement du 13 mai, survenu le surlendemain sur le même terrain et dans des conditions à peu près identiques à celles des combats précédents, M. le commandant Astruc s'est exprimé dans les termes suivants, dans son ordre du jour récapitulatif, en date du 22 juin, adressé aux mobiles de l'Hérault partant pour France :

« *Dans ce combat, l'un des plus sérieux qui ont eu lieu*
» *sous Bougie, vous aviez à combattre tous les contingents des*
» *Beni-Abbés et des Beni-Hidjer, commandés par Si-Asiz*

» *en personne. Dès trois heures du matin, les 4ᵉ et 5ᵉ com-*
» *pagnies quittaient leur camp de Sidi-Touati, sous la*
» *conduite des capitaines Degeilh et Bellonet, pour incendier*
» *les villages des Mizaïas.*

» *Quoique cette opération, qui avait pour but d'attirer*
» *l'ennemi sous les canons du fort, eût complétement réussi,*
» *les Kabyles restaient immobiles dans leur campement.*

» *Afin de les en faire sortir, le lieutenant Peyre fut chargé*
» *de se porter avec trente hommes sur les crêtes perpendicu-*
» *laires au col de Tizi.*

» *A cette démonstration, les contingents ennemis s'ébran-*
» *lèrent en masse, et bientôt l'engagement devint géné-*
» *ral. . . . . etc.* »

Pendant que le capitaine Nicolau opérait dans la plaine avec 100 hommes fournis par les 7ᵉˢ compagnies des 4ᵉ et 5ᵉ bataillons, pour soutenir les matelots et les chasseurs à pied, le lieutenant Germa maintenait avantageusement, en avant de la tour Doriac, une excellente position occupée en vue d'empêcher de ce côté tout mouvement tournant de l'ennemi. Ce dernier renonça, en effet, à s'aventurer dans cette direction, lorsqu'il eût constaté à ses dépens les bonnes dispositions adoptées par la défense.

Le surplus de la 7ᵉ compagnie du 5ᵉ bataillon fut porté en avant du fort Clauzel, avec recommandation expresse de s'appuyer sur la droite du 21ᵉ bataillon de chasseurs à pied. Le capitaine Galavieille prit intelligemment soin, de sa propre initiative, de détacher, entre ce dernier fort et celui des Fossés, une demi-section avec le sous-lieutenant Donnat et le fourrier Paulet, pour chasser les Kabyles d'une maison dont l'accès n'était rendu très-dangereux que par d'épais fourrés de lentisques.

Enfin, les 4e, 5e et 6e compagnies du 4e bataillon s'installèrent entre les forts Doriac et Lemercier, où les compagnies tinrent solidement en position pendant toute la durée du combat.

La lutte fut extrêmement vive jusqu'au soir, sur ce front de la place.

Quand vint la nuit, la 7e du 5e se porta en avant du fort Clauzel, et, s'étant développée à gauche, elle facilita, de concert avec la demi-section Donnat, la retraite des chasseurs à pied.

Quelques gardes mobiles de l'Hérault furent blessés pendant l'action, mais sans gravité, fort heureusement.

Appréciant l'importance de ce fait de guerre, M. le Commandant du détachement écrivait le lendemain au Colonel, à Montpellier, qu'il avait été le plus rude et le plus décisif de tous ceux qui étaient survenus jusqu'alors.

« *L'engagement avec l'ennemi a duré, disait-il, depuis* » *quatre heures du matin jusqu'à cinq heures du soir, et il* » *n'a cessé que par cause de force majeure. Un orage épou-* » *vantable a forcé les deux parties à rentrer chacune chez* » *elle! Il était temps, car, pour la plupart, nous étions exté-* » *nués de fatigue et de faim.* »

La patience, l'abnégation et la bravoure dont les mobiles de l'Hérault firent preuve dans la circonstance furent admirées de l'autorité supérieure elle-même.

Appelé à rendre compte de cette affaire dans son rapport officiel au Gouverneur général, M. le commandant de Reilhac exprimait sa satisfaction à leur sujet dans les termes rapportés ci-après :

« *Je me plais à rendre justice à l'entrain et à la bravoure de nos jeunes troupes, qui s'aguerrissent au feu.* »

Ces éloges étaient certes bien mérités, et, de son côté, le chef de détachement, placé mieux que personne pour apprécier le dévouement du personnel placé sous ses ordres, mettait à l'ordre du jour les noms d'un grand nombre de sujets d'élite, en constatant avec un orgueil fondé que tout le monde avait fait son devoir.

300 fusils chassepots furent délivrés à peu près à cette époque aux mobiles de l'Hérault ; mais, vu la rareté de cette arme de choix, elle devint un objet d'honneur entre leurs mains, et ne fut délivrée qu'aux plus dignes.

Le 15 mai, le bataillon s'attendait encore à prendre les armes pour repousser une attaque des nombreux contingents qui se concentraient une fois encore du côté le plus faible de la place. Chacun était disposé à faire pour le mieux ; mais ne se trouvant sans doute pas encore en forces suffisantes, l'ennemi s'abstint prudemment de trop se rapprocher de nos avant-postes, tout en laissant cependant comprendre aux défenseurs de Bougie que la lutte n'était que partie remise.

Le 17 mai, Si-Asiz, chef des révoltés, auxquels les contingents des Boumessa s'étaient adjoints dans la nuit, profita et de leur arrivée et de leur surexcitation religieuse pour attaquer nos lignes.

Dès quatre heures du matin, le mouvement des insurgés se dessina dans toute son étendue. Le fort Lemercier et celui des Fossés, points extrêmes de la zone de défense de la garnison française, furent assaillis avec fureur.

Le bataillon des mobiles de l'Hérault fut aussitôt dirigé de ce côté. Il s'y maintint jusqu'au soir, malgré les efforts de l'ennemi pour l'en déloger.

Son ordre de bataille était ainsi disposé :

Les 4ᵉ et 5ᵉ compagnies, réparties et disséminées entre Clauzel et la tour Doriac ;

La 7ᵉ compagnie du même bataillon, en avant de cette tour ;

La 7ᵉ du 5, au delà du fort Clauzel et se ralliant à la 7ᵉ du 4 par une bonne ligne de tirailleurs ;

La 6ᵉ compagnie, en arrière du centre de la ligne, en réserve.

Attaquée vigoureusement pendant le cours de l'action, la 7ᵉ du 5 dut battre un moment en retraite en s'appuyant sur la réserve ; elle s'arrêta cependant sur la ligne des forts.

D'un autre côté, la 1ʳᵉ section, de la 4ᵉ compagnie obligée vers le soir de se replier sur les forts des Fossés et Clauzel, prit le parti de s'y enfermer pour en repousser l'assaut prévu par elle avec juste raison ; car ces ouvrages furent, jusqu'au lendemain, l'objet des plus audacieuses tentatives de l'ennemi pour s'en emparer.

Les Kabyles ne se faisaient certainement pas illusion sur les périls d'une telle entreprise ; mais, avec une intrépidité héroïque, ils se sacrifiaient en grand nombre pour gagner du terrain en avant d'eux. C'est ainsi que, petit à petit, s'aventurant jusque sous les murs du fort, ils purent espérer de réussir à s'y introduire.

La situation était devenue vraiment très-grave ! Les mobiles l'envisagèrent froidement et avec courage.

La nuit étant survenue très-obscure, nos braves jeunes gens la passèrent, le fusil à la main, malgré une pluie torrentielle, dans les retranchements qu'ils avaient élevés eux-mêmes entre le plateau des Ruines et l'extrémité de la ligne de Sidi-Touati.

Ils comprenaient parfaitement l'importance de cette ligne, considérée par tous les juges compétents comme la clef de la défense de Bougie : — ils surent la garder.

Malgré les fatigues et les privations endurées depuis vingt-quatre heures, les mobiles étaient prêts à renouveler la lutte le lendemain.

Dès trois heures du matin, tout le monde avait repris son poste de combat aux avancées, et la garde mobile se tint prête à étonner encore l'ennemi par son courage et son inébranlable énergie sur les points dont la garde lui était confiée, comme les troupes de l'armée régulière se disposaient à tenir l'insurrection en respect partout ailleurs.

Le 10 mai, à midi, nos compagnies furent relevées par ordre; mais, après quelques heures de repos, consacrées à réparer leurs forces épuisées, elles retournaient défendre encore la ligne des forts jusqu'au soir, sans sortir cependant des positions assignées.

Cette fois encore, en parlant d'elles, à propos de la lutte formidable engagée sous les murs de Bougie contre des ennemis dix fois plus nombreux, le Commandant supérieur écrivait au Général en chef :

« *L'esprit des troupes est excellent! Chacun continue à faire bravement son devoir!* »

Cette journée du 17 mai est incontestablement celle de toutes qui fut la plus meurtrière pour la fraction du 45⁰ régiment provisoire détachée à Bougie.

Pendant que M. le sous-lieutenant Cabanes était mortellement frappé à la tête, en défendant le fort des Fossés, par une balle tirée audacieusement, presque à bout portant, à travers l'un des créneaux, divers gardes mobiles versaient également leur sang pour l'honneur des armes françaises.

Mais les blessés n'étaient pas toujours les plus éprouvés parmi nos soldats !

Dans la terrible nuit du 17 au 18, malgré le temps affreux qui régnait sur la montagne, une section de la 7ᵉ compagnie du 5ᵉ bataillon eut à se porter en un point des crêtes au-dessous du Gouraïa, sur le petit sentier dit *Pas-des-Mulets*.

Conduite par le lieutenant de Seguins, elle se concerta avec le chef de détachement de l'atelier des travaux publics pour fermer ce passage, et accomplit honorablement sa mission, nonobstant les périls encourus par ce poste, lancé loin en avant de la place et livré à lui-même.

L'intensité de l'ouragan se maintint telle pendant la nuit entière, que la sentinelle des militaires condamnés fut assasssinée à quelques mètres du campement des mobiles, sans que ceux-ci aient été en mesure de lui porter secours en temps opportun, malgré leur bon vouloir.

Le 20 mai, un détachement de 150 hommes, constitué avec la 7ᵉ du 5 et la 1ʳᵉ section de la 6ᵉ du 4, descendit au parc à fourrage, situé à un kilomètre environ de la ville, pour remplacer 180 hommes du 21ᵉ bataillon de chasseurs à pied, dont le tour était venu d'être relevé dans ce poste. Le capitaine Galavieille prit le commandement de ce détachement.

Une petite attaque s'étant produite, le 22, du côté de la plaine, le bataillon de mobiles se porta de nouveau sur la ligne des forts, tandis que le détachement du parc à fourrage s'avançait vers la Souman pour soutenir la retraite des goums et des spahis, obligés à se rabattre sur Bougie, après avoir consommé leurs munitions.

Les démonstrations énergiques de la garnison suffirent pour contenir les assaillants à bonne distance. Les bonnes leçons infligées précédemment commençaient, d'ailleurs, à produire de salutaires effets sur ces derniers.

Il est certain que, déconcertés par les énormes pertes éprouvées dans les combats antérieurs et par la certitude que la victoire se refusait à se ranger du côté de l'insurrection sur tous les autres points de l'Algérie où ses étendards s'étaient dressés en regard de nos drapeaux, les Kabyles se montrèrent plus circonspects dans celles de leurs attaques qui suivirent le combat du 18 mai.

Les goums prirent, dès cette époque, la principale part aux engagements extérieurs qui se produisirent encore aux abords de Bougie !

Quoique le rôle de la garde mobile ait cessé, depuis lors, d'être aussi actif que par le passé, il serait injuste cependant de passer sous silence quelques circonstances dans lesquelles elle a prêté un concours utile, tantôt à la défense de la place ou aux troupes engagées en avant des forts, et tantôt à l'ensemble des opérations militaires.

Le 25 mai, nos compagnies du parc à fourrage opéraient, jusqu'au col de Tizi, une importante reconnaissance, qui motiva un rapport élogieux du commandant supérieur, transmis ensuite au général de division.

Les 26 et 27, le bataillon prit les armes pour s'opposer à de nouvelles attaques simulées contre l'enceinte, et qui n'eurent aucune suite, lorsque l'ennemi se fut aperçu que les approches des ouvrages extérieurs étaient bien gardées toujours.

Le 30 mai, les Kabyles se montrèrent de nouveau, mais hors de portée de notre tir, se contentant de se livrer, sous nos yeux, à la grande fantazzia berbère. Ils affectaient de nous braver, sans oser en réalité s'approcher des avant-postes français.

Acceptant leur défi, le lendemain, le commandant de Reilhac lança ses goums contre les insurgés. Mais le désordre s'étant mis dans les rangs de nos cavaliers, partis à fond de train, ceux-ci se trouvèrent un moment enveloppés. Le détachement du parc à fourrage contribua à les dégager en temps utile, et mérita à ce sujet les éloges du commandement.

La garde mobile avait fait usage, pour la première fois, dans cette occasion, de fusils du modèle Remington, et prouvé le bon parti qu'elle en savait tirer.

Le 30 juin, les Kabyles s'étant emparés d'une partie des troupeaux qui paissaient dans la plaine, le détachement du parc à fourrage sortit en armes de ses cantonnements et poursuivit les ravisseurs jusqu'à la rivière. Durant cette course hardie, le sergent-major Poujol visita seul une maison abandonnée, pendant que le garde Baudran et le sergent Rouvière faisaient le guet aux alentours.

Le même jour, Poujol faisait une seconde reconnaissance aussi méritoire que la première, dans le but de retrouver l'une des charrettes du parc dérobée par l'ennemi. Il eut à soutenir une assez vive fusillade et dut rebrousser chemin, sans renoncer cependant à l'idée de poursuivre ses explorations. Pour les faciliter, le commandant supérieur fit escorter ce sous-officier par une section de chasseurs, et la voiture fut retrouvée, en mauvais état sans doute, mais qu'importe? puisque l'ennemi ne pouvait plus faire ostentation de ce modeste trophée, tombé accidentellement entre ses mains!

Le même jour encore, vers les huit heures du soir, un factionnaire donne l'éveil au poste! Des Kabyles ont été aperçus, rôdant autour du parc, pour s'en emparer ou l'incendier, peut-être encore pour tenter quelque nouveau larcin ou assassiner l'un des nôtres. Une reconnaissance est aussitôt dirigée du côté où les émissaires de l'ennemi se sont aventurés, mais sans résultat aucun ; car, privés de tout espoir de nous surprendre, ils avaient prudemment pris la fuite.

A la suite des services constants rendus par le sergent-major Poujol (Saint-Paul), et qui venaient d'être signalés une fois encore par le capitaine Theillard, commandant du parc à fourrage, M. le Chef de bataillon, commandant des mobiles de l'Hérault, mit le nom de ce brave sous-officier à l'ordre du jour, le 4 juin, pour « *la fermeté, le zèle intelligent et le sang-froid avec lesquels il avait l'habitude de diriger et de conduire à bien les diverses opérations de guerre qui lui étaient confiées.* »

Cet officier supérieur ajoutait à cet éloge une appréciation plus flatteuse encore :

« *Que chacun de nous se conduise aussi bien dans la limite de ses attributions,* disait-il, *et l'estime que l'on a pour la garde mobile de l'Hérault ne fera que grandir*[1]. »

---

[1] Que nos lecteurs veuillent bien nous excuser si nous insistons quelque peu sur une aussi honorable personnalité ; mais nous tenons à prouver combien il nous est agréable de rendre justice à nos camarades d'Afrique aussi bien qu'à ceux de Paris, quand l'occasion se présente de le faire.

Nous désirons, de plus, dédommager un brave jeune homme, classé en première ligne pour une récompense honorifique justement méritée, de la déception éprouvée jusqu'à présent par la non-acceptation de l'ensemble des propositions faites avec la discrétion voulue par le chef de détachement.

A défaut de toute autre satisfaction, que nous ne désespérons cependant pas encore de leur voir accorder, nos camarades de l'armée d'Afrique sauront, aussi bien que ceux de Paris et de Langres, que la sollicitude des anciens chefs de la garde mobile continue à les suivre dans la vie privée, à protéger leurs intérêts, et à faire valoir publiquement leurs belles qualités militaires et les traditions d'honneur dont ils se sont constamment inspirés !

M. le commandant Astruc mit également à l'ordre les noms des mobiles qui s'étaient fait remarquer dans les derniers engagements.

Quelques-uns d'entre eux furent, à cette occasion, promus soldats de 1re classe. C'était une juste récompense décernée aux uns et un encouragement offert à leurs camarades!

L'insurrection n'avait pas encore dit son dernier mot!

Le 10 juin, une attaque de nuit se produisit, dirigée par les Kabyles, contre le fort Lemercier et le passage des Mulets.

Conduite mollement et sans élan, cette entreprise aboutit à un nouvel échec!

Ces points étaient bravement défendus d'ailleurs par les condamnés de l'atelier pénitentiaire et par les 4e et 5e compagnies du 4e bataillon.

L'ennemi éprouva quelques pertes en s'avançant sur nos lignes, et davantage encore en se retirant sur les siennes.

Malgré le tir de l'ennemi, les mobiles tinrent bon encore, le lendemain 11 juin, dans les positions occupées par eux en avant du fort des Fossés, pour protéger notre flanc droit contre les attaques des M'zaïas, qui se dirigeaient en forces considérables vers le col de Tizi, où les condamnés et nos goums, lancés hors de la place depuis le matin, étaient vigoureusement engagés dans le moment avec les contingents de ces tribus et de bien d'autres accourues à leur aide.

Pendant que les 4e, 5e, 6e, 7e compagnies du 4e bataillon se chargeaient de protéger spécialement la ligne des forts et celle de Sidi-Touati, la 7ᵉ du 5ᵉ recevait pour mission de surveiller la plaine et de défendre le parc à fourrage.

Chacun pourvut avec zèle au rôle spécial qui lui était assigné; le lieutenant Peyre alla mettre le feu aux villages des M'zaïas, pendant que leurs habitants se portaient en masse sur le lieu du combat, pour subir une nouvelle défaite.

Du 12 au 22 juin, les reconnaissances militaires furent continuées dans la plaine, où elles donnaient invariablement lieu à un échange de coups de feu avec les tirailleurs ennemis. Ces escarmouches étaient, en général, soutenues par le détachement du parc à fourrage.

Après avoir donné, pendant toute la durée de son séjour à Bougie, des preuves de valeur aux avant-postes, comme d'un excellent esprit militaire dans sa vie de garnison, et sitôt que les événements qui avaient retenu la garde mobile éloignée de ses foyers eurent cessé de motiver pareil sacrifice de sa part, celle-ci se rattacha vivement à l'idée d'un prochain rapatriement, et son désir était cette fois trop fondé pour n'être pas pris en considération par qui de droit.

La répression complète des désordres surgis dans certaines grandes villes de France permettait d'ailleurs au Gouvernement de disposer de nombreux régiments en faveur de l'Algérie.

Le bataillon de Bougie fut donc autorisé à s'embarquer sur les premiers navires portant à destination de ce port des troupes parties de Marseille ou de Toulon pour la colonie.

Nos compagnies prirent la mer le 23 juin au soir, à bord de la frégate *l'Entreprenante,* qui les débarqua le 25, à Toulon, après cinquante heures de traversée. Conduites aussitôt au chemin de fer, elles s'installèrent tant bien que mal dans les waggons, et firent leur entrée à Montpellier, le 26 au matin, pour être licenciées bientôt après.

Les gardes mobiles étaient rendus enfin à la vie privée, avec la satisfaction d'avoir rendu au pays tous les services qu'il était en droit d'attendre d'eux, au milieu des plus difficiles circonstances !

Les officiers, sous-officiers du détachement et le chef de bataillon commandant, avaient surtout lieu d'être contents d'eux-mêmes, puisque, dans l'accomplissement de leur mandat, ils n'ont jamais rien négligé pour assurer aux troupes soumises à leur autorité le bien-être matériel, l'amour de leur état associé à celui de la patrie et les bienfaits de la considération publique.

Grâce à l'intelligence, à la fermeté du commandement et aux bonnes dispositions naturelles des hommes, la garde mobile de l'Hérault, détachée à Bougie pendant l'insurrection kabyle, a laissé le meilleur souvenir dans l'esprit des populations au sein desquelles elle a vécu de fatigues, souffert en silence et combattu vaillamment.

On se souvient sans doute encore de la satisfaction générale qu'occasionna dans notre département l'excellent témoignage fourni à ce sujet par le maire de la ville de Bougie, quelques jours après le départ de nos compagnies pour la France. On nous saura gré d'avoir reproduit ici ce document, que tous les journaux de la contrée ont inséré en son temps [1] :

« Bougie, le 29 juin 1871.

» Monsieur le Maire de Béziers,

» La population de Bougie me charge de transmettre
» ses remerciements au 4ᵉ bataillon des gardes mobiles
» de l'Hérault [2], pour le concours dévoué que ces mi-
» litaires ont apporté à la défense de notre ville atta-
» quée par les Kabyles insurgés.
» Ce bataillon, sous les ordres de M. le commandant
» Astruc, arrivé ici le 23 avril, n'a pas cessé un instant
» jusqu'au 23 juin, jour de son départ de Bougie, d'être
» astreint à un service excessivement pénible, et il a
» pris part aux divers engagements qui ont eu lieu dans
» nos murs, dans l'un desquels nous avons eu le regret
» de perdre un de ses officiers, M. Cabanes, enlevé à la
» fleur de son âge à l'affection de sa famille.
» Un autre officier, M. Durand, fut plus heureux !
» Blessé à l'affaire du 17 mai, il guérit rapidement, et
» put encore prendre part aux combats suivants.
» La population de Bougie n'oubliera pas la garde
» mobile de Béziers. Elle en conservera bon souvenir.
» Elle n'oubliera pas non plus l'excellente musique

---

[1] Quoique écrite en un style un peu trivial, cette lettre exprime d'excellentes pensées, élogieuses et sincèrement cordiales à l'égard du détachement ; aussi la reproduisons-nous intégralement.

[2] M. le Maire de Bougie est excusable d'avoir ignoré que le 5ᵉ bataillon était également représenté par sa 7ᵉ compagnie, parmi les défenseurs de la place.

» de ce bataillon[1], dirigée par son chef intelligent,
» M. Pruneyrac, qui, au milieu des préoccupations sans
» nombre résultant de l'état de guerre en Algérie, lui a
» fait passer des soirées charmantes.

» *Le Maire de Bougie,*
» E. CATELOT. »

Ces félicitations du premier magistrat de la localité dans l'ordre civil, parlant au nom de tous ses administrés, s'associent à merveille à celles que M. le chef d'escadron de Reilhac, commandant supérieur du cercle, eut à adresser avec ses adieux à la garde mobile du département de l'Hérault.

Le départ de nos camarades pour France suscita donc d'universels regrets à Bougie.

---

[1] Nous croyons que cette musique avait été organisée tant avec des éléments du 5ᵉ bataillon qu'avec ceux du 4ᵉ. Dans ce cas, le mérite de son organisation reviendrait également à M. le commandant Coulet et à M. le commandant Astruc.

III

Détachement de Dellys

Du 22 avril au 3 juillet 1871

Origine de Dellys. — Sa description topographique. — Son importance coloniale et militaire. — Quelles étaient les ressources de la défense à l'origine de l'insurrection. — Arrivée des compagnies du régiment. — Divers assauts successifs repoussés par la garnison. — Rentrée du détachement en France.

La petite ville de Dellys, bâtie sur l'emplacement d'une ancienne ville romaine appelée *Rusuccurum*, appartient encore à la Kabylie, dont elle forme en quelque sorte l'extrême limite occidentale. Elle s'élève sur les bords de la Méditerranée, au pied d'une haute colline dénommée Bou-M'das, et au fond d'une petite baie d'un aspect assez triste.

Au moment où les Français en prirent possession, en 1843, il existait déjà sur son emplacement actuel un village kabyle, que les nouveaux maîtres ont respecté. A côté de lui se sont élevés un camp et un centre de colonisation européenne.

La population berbère de Dellys est un mélange de toutes les tribus voisines. Le nombre des indigènes est évalué à mille au plus, musulmans en général, auxquels quelques israëlites sont venus se mêler. Celui des Européens n'est guère plus considérable, quoique la colonisation ait pris une certaine extension de ce côté dans les dernières années.

Entre le cap Brugut, dont la pointe orientale protége imparfaitement le mouillage de Dellys, et le cap Matifou, qui ferme la baie d'Alger, des terres basses et uniformes déterminent le cordon de la côte, interrompu seulement par une vallée plate et boisée, à travers laquelle l'Isser termine son cours. Durant tout ce trajet, l'horizon est borné par les hautes montagnes du Djurjura, véritable foyer de la grande Kabylie.

Le transport *le Jura,* qui avait emporté d'Oran la majeure partie de la garde mobile de l'Hérault, pénétra, le 22 avril, dans le port de Dellys, après avoir fait escale à Alger.

Il débarqua les 1re, 2e, 3e compagnies du 4e bataillon; et quarante hommes de la septième compagnie du 5e bataillon, qui se trouva morcelée de la sorte entre cette dernière localité et Bougie.

Le détachement en entier était placé sous les ordres de M. le capitaine Mas.

La ville étant cernée dans le moment par les Kabyles révoltés, et personne ne pouvant plus en sortir que par mer, l'on se fait idée facilement des accès d'enthousiasme avec lesquels la garde mobile de l'Hérault fut accueillie par la population.

Pour elle, c'était la perspective de la délivrance et le

terme des cruelles appréhensions qu'avait suscitées la faiblesse numérique de la garnison affectée jusqu'alors à la défense de la place.

Dès l'arrivée de ce renfort, M. le général Hanotau, commandant supérieur du cercle et de la subdivision, s'empressa de lancer ses cavaliers indigènes en dehors des remparts, et cette opération, concertée en vue d'attirer l'ennemi sous les canons de Dellys, réussit à merveille.

Une première attaque de l'ennemi se produisit le lendemain, 23 avril, vers quatre heures du matin. Les mobiles reçurent bravement le baptême du feu ; ils soutinrent jusqu'au soir la fusillade de leurs nombreux adversaires.

Ceux-ci, qui pensaient s'emparer aisément de la ville, furent cruellement désappointés lorsqu'ils se virent contraints à battre en retraite.

La déception des insurgés était d'autant plus profonde que leurs propres émissaires, sortis de la place les jours précédents, avaient assuré que Dellys se trouvait à peu près dépourvue de garnison, et que le moindre effort de la part des assaillants devait leur suffire pour s'introduire dans la place.

Dès lors il est facile de se rendre compte de la surprise qu'éprouvèrent les Kabyles en constatant que les créneaux du mur d'enceinte étaient occupés par un nombre inconnu, mais respectable, de défenseurs arrivés inopinément au secours des chrétiens.

Écrasés par le feu de l'artillerie, les rebelles prirent le parti de se retirer, et, dès ce moment, la ville fut moins étroitement bloquée du côté de terre que par le passé.

Profitant de ces circonstances favorables pour s'aguerrir davantage, les mobiles de l'Hérault opérèrent une série de reconnaissances journalières dans les environs de Dellys, car ils trouvaient dans chacune d'elles l'occasion de tirailler avec l'ennemi, dont les éclaireurs restaient embusqués à demeure dans les broussailles et les moindres accidents de terrain que présentait la campagne.

Cependant, lorsque, bientôt après ces événements, les Kabyles eurent été renseignés à peu près exactement, tant sur le nombre des soldats venus au secours de Dellys que sur leur inexpérience militaire, ils reprirent courage et retrouvèrent toute leur audace première.

S'avançant peu à peu, ils formèrent insensiblement un nouveau cordon autour de la ville et en resserrèrent la garnison dans des limites de plus en plus étroites jusqu'au 15 mai, jour déterminé par les chef rebelles pour tenter une seconde et formidable attaque.

Elle fut générale sur tous les points de l'enceinte, et vraiment terrible à supporter par la défense, les Kabyles étant descendus en nombre énorme des montagnes, dans toutes les directions alentour. Dès trois heures du matin, les détonations succédaient de toute part aux détonations, tant au dehors qu'à l'intérieur de la place.

Tant bien que mal défilés en arrière des créneaux, les mobiles déchargèrent leurs armes et ne cessèrent de les recharger pendant toute la matinée, tirant juste et avec aplomb, sans avoir à souffrir beaucoup eux-mêmes de la fusillade de l'extérieur.

Atteint, au contraire, par les feux de mousqueterie et

par les décharges de l'artillerie, qui pointait à bonne portée sur des masses, l'ennemi abandonna, dès midi, ses positions d'attaque et se retira précipitamment dans toutes les directions, poursuivi, pendant sa retraite, par la mitraille vomie par nos bouches à feu, admirablement desservies.

Il essuya d'énormes pertes ! Notre victoire était complète.

Diverses démonstrations hostiles furent encore simulées par la suite contre Dellys; mais, entreprises avec découragement, elles ne présentèrent aucun péril sérieux pour sa garnison.

L'ennemi ne se découvrant plus qu'à distance, évitant de plus de se compromettre aussi témérairement qu'il l'avait fait deux fois, l'on put considérer le siége de la place comme levé pour toujours.

Les mobiles reprirent le cours des reconnaissances pratiquées précédemment dans la campagne autour de Dellys, en se procurant le plaisir journalier de tirailler avec les sentinelles avancées des insurgés.

Dans ces promenades militaires, quelques-uns de nos camarades furent blessés.

Au résumé, les mobiles du département se comportèrent bravement et avec sagesse, pendant toute la durée de leur séjour à Dellys, et, lorsqu'ils quittèrent la ville en fin juin, pour regagner leurs foyers, ils emportaient, eux aussi, l'estime et la reconnaissance des habitants et les meilleurs éloges du commandant supérieur du cercle.

Cet officier supérieur faisait principalement cas du mérite militaire de MM. les capitaines Mas et Méjean, chefs successifs du détachement, qui s'étaient montrés en toute circonstance à la hauteur du rôle difficile qu'ils avaient eu à remplir.

La belle défense de Dellys par les gardes mobiles de l'Hérault valut à un certain nombre d'entre eux des citations honorables à l'ordre du jour de leurs bataillons respectifs, lorsque MM. les commandants Astruc et Coulet, détachés l'un à Bougie, l'autre à Orléanville, reçurent notification des brillants faits d'armes des 1re, 2e, 3e compagnies du 4e bataillon, et de la fraction de la 7e du 5e.

Ces officiers supérieurs recueillaient eux-mêmes, dans les éloges décernés à nos braves soldats, le fruit de leurs efforts incessants, poursuivis depuis l'organisation, en vue d'inspirer aux gardes mobiles du régiment l'esprit et la pratique des devoirs militaires.

Et rien ne pouvait être plus agréable aux commandants des 4e et 5e bataillons, que de constater à l'œuvre combien leurs soins consciencieux avaient produit d'excellents effets.

Embarqué le 30 juin, le détachement de Dellys débarqua en France le 3 juillet, après avoir largement payé sa dette à la patrie.

IV

Détachement de Tizi-Ouzou

du 4 juin au 8 juillet 1871

Situation du bordj de ce nom. — Dangers dont il était menacé au commencement de juin. — Départ de Dellys et arrivée à Tizi-Ouzou de la 3ᵉ compagnie du 4ᵉ bataillon. — Assaut kabyle repoussé par la garnison. — Combat des Beni-Issoun. — Rentrée du détachement en France.

Lorsque, dans la deuxième quinzaine du mois de mai, les Kabyles s'aperçurent qu'il n'y avait plus rien de sérieux à tenter contre la place de Dellys, ils songèrent à se venger des échecs successifs qu'ils venaient d'éprouver sous ses murs, en concentrant leurs efforts contre un poste de moindre importance.

A deux petites journées de marche de la ville, et dans la direction de la Grande Kabylie, on rencontre le poste français de Tizi-Ouzou, dont les communications avec Dellys s'effectuent en temps ordinaire, rapides et faciles, par la vallée.

Le commandant de ce bordj signalait, depuis quelques jours, au commandant supérieur du cercle de Dellys, que l'ennemi, après avoir éloigné ses forces de ce dernier point, paraissait vouloir les concentrer toutes de son côté.

Or, n'ayant à sa disposition qu'une garnison insignifiante, il le pria de disposer en sa faveur d'une partie de ses forces en infanterie, l'assurant que, protégé en avant et en arrière pendant sa marche par les canons de Tizi-Ouzou et de Dellys, ce détachement, mis en route sur-le-champ, pouvait arriver à destination sans être trop vivement inquiété.

Il importait toutefois qu'aucun instant précieux ne fût perdu en hésitations !

Le voisinage de la colonne expéditionnaire du général Lallemand, qui opérait alors précisément à quelques lieues de Tizi-Ouzou, paraissait devoir intimider, dans une certaine mesure, les tribus kabyles parsemées dans la plaine.

Il était sage de profiter de leur indécision pour agir avec promptitude, la situation ne pouvant que s'aggraver lorsque le district serait moins bien pourvu de troupes tenant la campagne.

Comprenant les sujets de crainte de son voisin, et n'ayant plus pour son propre compte d'appréhensions sérieuses à concevoir du côté de Dellys, le commandant supérieur de la subdivision donna à la 3e compagnie du 4e bataillon des mobiles de l'Hérault l'ordre de se mettre en route pour renforcer la garnison de Tizi-Ouzou et contribuer à sa défense, si les événements le comportaient par la suite.

Il avait pleine confiance dans ces braves soldats, qui venaient de fournir sous ses propres yeux des preuves de leur bravoure, et appréciait à sa vraie valeur l'énergie et le mérite de M. le capitaine Mas, conducteur de ce détachement.

Très-flattée du rôle nouveau qu'elle allait avoir à remplir, la 3ᵉ compagnie partit de Dellys le 4 juin, en prenant toutes les précautions que comporte une marche pénible à travers un pays suspect.

Après avoir franchi pendant un jour et demi montagnes et rivières, elle arriva brisée de fatigues, mais sans accidents, à Tizi-Ouzou.

Il était d'autant plus temps pour elle de parvenir à destination, que cette démonstration hardie de cent vingt à cent cinquante hommes ne manqua pas d'être signalée en Kabylie, suivant les prévisions du commandement.

Quoique prévenu trop tard pour réussir dans ses desseins, l'ennemi s'ébranla, ne désespérant pas de rencontrer la compagnie, d'arrêter une troupe aussi restreinte, et d'en venir aisément à bout.

Les contingents kabyles s'avançaient donc par derrière et sur les flancs du détachement, quand celui-ci pénétra dans Tizi-Ouzou, le 5 juin, dans l'après-midi.

Il était à peine arrivé au gîte, que les hommes durent prendre les armes pour repousser les assaillants, qui se portaient en masse contre le fort !

Le 6 juin, dès le matin, les Kabyles attaquèrent la place ; mais, habituée à leur manière de combattre et en danger, la mobile de l'Hérault se maintint ferme dans ses positions devant l'ennemi, avec un courage et un sang-froid admirables.

Elle trouva l'occasion de se distinguer d'une façon exceptionnelle dans cette circonstance, eu égard à l'intensité du feu dirigé du dehors contre le bordj, par les insurgés accourus en très-grand nombre à l'attaque de la position, jugée par eux très-faible, non sans quelque fondement.

Malgré ses pertes, l'ennemi persistait à attaquer Tizi-Ouzou, ne pouvant concevoir qu'une poignée d'hommes le tînt ainsi en respect.

N'ayant pu réussir cependant dans leur entreprise, et continuant à perdre beaucoup de monde, les Kabyles renoncèrent enfin à cette folle partie et se résignèrent à battre définitivement en retraite.

La garnison poursuivit hardiment l'ennemi, et cette honorable sortie, qui porte le nom de combat des Beni-Issoun, se combina fort à propos avec les mouvements stratégiques du gouverneur général, opérés le même jour contre les Beni-Maatras.

Les insurgés ne reparurent plus aux environs de Tizi-Ouzou, pendant le séjour de la compagnie dans ce poste, si ce n'est isolés ou par petits groupes, qui tiraillaient constamment avec nos soldats, lorsque ces derniers sortaient en reconnaissance pour fouiller la plaine.

De nombreuses citations à l'ordre du bataillon ont témoigné, par la suite, de la valeur déployée par la 3e compagnie dans toutes les circonstances où elle a eu à la manifester.

Après les événements que nous venons de relater, la mission militaire de nos soldats touchait enfin à son terme, et l'heure d'un repos bien mérité ne fut guère plus retardé pour le détachement de Tizi-Ouzou que pour les autres fractions du même bataillon.

Embarquée le 2 juillet, la 3ᵉ compagnie rentra en France le 8 dudit.

Tous les éléments de la garde mobile de l'Hérault, dispersés par les exigences de la guerre, allaient se retrouver confondus sur le sol de la mère patrie, après avoir également justifié par des actes éclatants d'un bon vouloir incontestable, d'excellents sentiments de patriotisme, et de qualités civiques ou militaires qui font le plus grand honneur au département dans lequel le 45ᵉ régiment provisoire fut exclusivement recruté.

LE DÉPÔT

DU

45ᵉ RÉGIMENT PROVISOIRE

V

Le Dépôt du 45ᵉ régiment provisoire

Après la glorieuse expédition de Crimée, qui semble aujourd'hui n'avoir jamais été qu'un rêve, tant les destinées de notre cher pays sont tristement modifiées depuis 1870, le dernier souverain français rappelait, non sans raison, à son ministre de la guerre, dans un document rendu public, que le succès des armées ne doit pas être exclusivement attribué aux généraux préposés à la direction des opérations militaires ; mais que partie des bons résultats acquis revient aux administrateurs prévoyants qui, par des mesures habiles, ont préparé en temps utile les événements heureux survenus par la suite.

Au même titre, nous devons ici des éloges et des remerciements au personnel du dépôt du régiment, dont le dévouement s'est manifesté dans une tâche moins brillante, sans doute, que celle qui a été dévolue au personnel des portions actives du corps, mais qui n'était pas moins utile que la sienne.

Le dépôt n'a-t-il pas contribué, par ses soins et sa constante collaboration, à dresser nos conscrits au métier des armes et, dans la limite de ses ressources, à les munir du nécessaire pour entrer en campagne ?

Après le départ des 1ᵉʳ, 2ᵉ, 3ᵉ bataillons pour Paris, et

des 4e, 5e pour l'Algérie, de la batterie départementale pour Langres, la fraction centrale du régiment resta constituée comme il suit :

ÉTAT-MAJOR

MM. Mouton (Arnaud), *capitaine-major*;
Héraud (Hre-Lacroix), *capitaine d'habillement*;
Toillion (Ch.-Adolp.), *capitaine trésorier*.

Capitaines de compagnie

MM. Poujoulat (Bernard),
Mouton (Pierre-Étienne),
Canonge (Philippe-Pierre-Émile).

Lieutenants

MM. Malric (Auguste),
Gély (Julien),
Dagès (François).

Sous-lieutenants

MM. Balp (Marius-Alexandre),
Brû (Hilaire-Victor),
Cazes (Jacques).

Officier à la suite, M. le lieutenant Caffarel, désigné pour servir à l'état-major du 24e corps d'armée (général Bussolles), armée de l'Est (général Bourbaki, commandant en chef).

Le dépôt et le conseil d'administration central ont stationné à Lodève.

Après le licenciement des premiers bataillons, c'est-à-dire en avril 1871, le conseil est rentré à Montpellier pour terminer sa mission et procéder à l'opération laborieuse de l'apurement des comptes de la garde mobile départementale.

DERNIÈRE PAGE DE L'HISTORIQUE

DE LA

GARDE MOBILE DE L'HÉRAULT

VI

Dernière page de l'Historique
de la Garde mobile de l'Hérault

Par décret du 2 juin 1871, rendu sur la proposition du Ministre de la guerre, le Chef du pouvoir exécutif de la République française a prescrit le licenciement de tous les régiments de la garde mobile, et reconstitué provisoirement cette réserve sur les bases de son organisation primitive, c'est-à-dire par bataillons pour l'infanterie, par escadrons pour l'artillerie.

Les cadres régimentaires créés en vue des exigences de la guerre ont été mis en non-activité par suppression d'emploi, et les excédants du personnel dans les grades maintenus, placés à la suite dans les trois bataillons : Béziers, Lodève et Montpellier.

Ces mesures ne sont que transitoires, bien entendu, et nul ne peut prévoir encore quels seront, en ce qui concerne la garde mobile, les effets de la nouvelle loi de réorganisation de l'armée que l'Assemblée nationale élabore avec tant de soin dans ce moment.

Par divers autres décrets du Président de la République, en date des 28 octobre et 9 décembre 1871, ont été nommés dans l'ordre de la Légion d'honneur :

Au grade d'officier :
- MM. de Fabre de Montvaillant, colonel de la mobile de l'Hérault ;
- Vincens (Hilaire), chef du 2º bataillon ;

Au grade de chevalier, Durand (Éloi), sous-lieutenant au 4º bataillon ;

Et décorés de la médaille militaire :

Les sieurs Tarbouriech et Cougnenc, gardes des 4º et 6º compagnies du 4º bataillon.

Ces nominations, accueillies par nous avec la plus profonde reconnaissance, ne modifient pourtant pas nos appréciations formulées à propos de la parcimonie relative avec laquelle il a été tenu compte des services rendus par la garde mobile de l'Hérault.

Si les commandants de troupes en campagne cessaient, d'ailleurs, jamais de faire valoir les titres de leurs compagnons d'armes aux faveurs publiques, lorsque le Gouvernement a bien voulu apprécier leur dévouement personnel, ils manqueraient profondément à la sollicitude que sont en droit d'attendre de leurs chefs les hommes de mérite dont le patriotisme est resté dans l'ombre plus que tout autre, par la force même des fonctions modestes qu'ils avaient à remplir.

Mais si, malgré nos sollicitations, les récompenses honorifiques accordées par le Gouvernement à la batterie départementale et à nos cinq bataillons actifs n'ont pas été en rapport avec l'importance de leur coopération à la défense nationale, il n'est pas hors de propos sans doute de se rendre compte de la cause à laquelle il convient d'attribuer cet accident.

A cette question nous pouvons répondre avec certitude que la *Commune insurrectionnelle de Paris* est principalement responsable du préjudice occasionné au régiment et à bien d'autres de l'armée.

M. le général Ribourt, dont le colonel a plusieurs fois appelé la bienveillante attention sur la dette contractée par l'État à l'égard de quelques-uns de nos plus braves soldats et officiers, répondait en juillet dernier, à propos des bataillons de Paris :

« Mon cher Colonel,

» Vous savez l'empressement que j'ai toujours mis à
» réclamer, pour ceux qui ont servi sous mes ordres, les
» récompenses que je croyais méritées.

» Avant d'avoir reçu votre lettre, je m'étais donc
» préoccupé déjà de tous ceux qui ont été l'objet de pro-
» positions de ma part, et que les *circonstances* ou d'au-
» tres raisons n'ont pas permis de nommer. Mais le nom-
» bre des demandes est si considérable, et *les événements*
» *de Paris sont encore venus ajouter tant de titres nouveaux*
» *à tous les titres anciens,* qu'il est difficile de donner sa-
» tisfaction à tout le monde. Je ne sais ce qu'il sera pos-
» sible d'obtenir ; mais je ferai du moins ce qui dépendra
» de moi pour faire rendre justice à chacun.

. . . .
. . . .
. . . .

» Je rends pleine justice aux services que votre bri-

» gade a rendus dans des conditions souvent difficiles ;
» mais je ne puis admettre qu'elle ait été oubliée autant
» que votre lettre le donnerait à penser. Tant de braves
» gens n'ont pu être récompensés, qui ont été griève-
» ment blessés pendant l'un ou l'*autre* siége, et sont
» aujourd'hui quelquefois hors d'état de gagner leur vie,
» que je n'ai pas le courage d'insister beaucoup quand
» on oppose cette objection à mes réclamations.

» Agréez, mon cher Colonel, etc.

» *Général* RIBOURT. »

La simple lecture de ce document peut servir d'enseignement.

Qu'il soit avéré désormais qu'en absorbant l'attention du Pouvoir exécutif, et en soumettant l'armée française à de nouvelles et terribles épreuves, la fatale Commune de Paris n'a pas permis au Gouvernement de suivre de ses constants regards, ni de récompenser tous les sujets d'élite de nos bataillons, qui, en France ou hors de France, ont combattu vaillamment ou répandu leur sang pour l'honneur du pays !

Que ce soit un motif de plus pour nous, ajouté à mille autres, de maudire la révolution du 18 mars, opérée sans pudeur, comme sans patriotisme, sous les yeux de l'étranger, trop heureux, après ses victoires, d'être encore le témoin de nos discordes intérieures.

Malgré tant de sujets de troubles suscités dans l'expédition normale des affaires publiques, nous espérons cependant encore que compte sera tenu plus tard du dévouement exceptionnel dont certains de nos camarades d'Afrique, de Langres ou de Paris, ont fait preuve, tant sur les bords de la Méditerranée que sur ceux de la Marne ou de la Seine.

Quoi qu'il advienne à cet égard, et que leur bravoure reçoive ou non l'estampille d'une distinction honorifique justement recherchée dans l'armée, les gardes mobiles de l'Hérault resteront toujours fidèles aux lois du devoir et aux saintes inspirations du patriotisme.

Ils attacheront plus de prix à sentir gravée dans leurs âmes qu'à étaler sur la poitrine la noble et chevaleresque devise :

HONNEUR ET PATRIE.

Arrivé au terme de ce récit, nous croyons devoir rappeler au lecteur que ces pages ont été spécialement écrites pour nos concitoyens du département.

Nos anciens camarades éprouveront naturellement, plus que d'autres personnes, plaisir à les feuilleter.

Nos impressions et souvenirs personnels, complétés par ceux de nos collaborateurs d'Afrique ou de Langres, ne peuvent manquer de resserrer les liens qui unissaient entre eux, pendant la guerre, tous les gardes mobiles de l'Hérault indistinctement.

Puissions-nous avoir réussi en même temps à raviver dans leurs cœurs l'amour de la patrie commune et, par suite, à leur inspirer horreur des sophismes révolutionnaires !

L'histoire n'enseigne-t-elle pas combien leur mise en pratique fut toujours fatale aux plus grands empires ?

La France est-elle destinée à subir un jour le sort de Rome, de l'Espagne ou du Mexique ?

Penchée déjà sur le bord de l'abîme dans lequel tant de peuples ont péri, doit-elle subir, comme eux, les fascinations du vertige ? Tandis que l'agonie de la Pologne se poursuit et s'achève, le sien va-t-il commencer ?

Plaise à Dieu que non et que, mieux éclairée par l'expérience des siècles et par les avertissements reçus des Allemands eux-mêmes, qui attribuent leurs inouïs succès surtout aux progrès de notre démoralisation sociale, la France sache redevenir et rester la *grande nation* qu'elle était, avant d'avoir subi l'influence des doctrines radicales et socialistes.

L'invasion malheureuse des théories subversives n'a que trop favorisé l'invasion prussienne pour ne pas donner à réfléchir à nos contemporains et à leur postérité.

Si la leçon était perdue, bientôt on pourrait dire : Finis Galliæ !

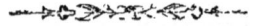

APPENDICE

NOMENCLATURE

DES BATAILLONS, RÉGIMENTS D'INFANTERIE ET BATTERIES D'ARTILLERIE

DE LA GARDE MOBILE DE PROVINCE

présents dans Paris pendant le siége de 1870-1871

Nota. — L'indication des corps de la Garde mobile de province qui ont participé à la défense de la capitale contre les armées allemandes ne figurant dans aucun des ouvrages publiés à l'occasion du siége de Paris, nous croyons devoir combler cette regrettable lacune.

RÉGIMENTS ET BATAILLONS DE LA GARDE MOBILE DE PROVINCE

PRÉSENTS A PARIS PENDANT LE SIÈGE

ET NOMS DE MM. LES OFFICIERS SUPÉRIEURS QUI LES COMMANDAIENT A L'ÉPOQUE DE L'ARMISTICE

DÉPARTEMENTS	Régiments	Bataillons	COLONELS Ct⁸ de groupes de Garde mobile. MM.	LIEUT⁸-COLONELS MM.	CHEFS DE BATAILLON MM.	OBSERVATIONS
Ain.........	40ᵉ	2ᵉ 3ᵉ 4ᵉ		Dortu.	De la Servette. Du Couëdic de Kergoalec. De la Chapelle.	
Aisne.......	17ᵉ	1ᵉʳ			De Puységur.	
Aube........	14ᵉ	1ᵉʳ 2ᵉ 3ᵉ		Favréaux.	Mutel. Bouge (1). Doé.	(1) Nommé en remplacement du comte de Dampierre, tué à l'ennemi.
Côtes-du-Nord	20ᵉ	1ᵉʳ 2ᵉ 3ᵉ 4ᵉ 5ᵉ	Chollet.	De Carné.	Sabatier. De Saint-Gouan. Pasquiou. De Saisy (2). Geslin de Bourgo-	(2) Député à l'Assemblée na-

— 297 —

Département					(2) Nommé en remplacement du Cte de Grancey, tué à l'ennemi.
Côte-d'Or....	10e	{ 2e 3e 4e	V.te d'Andelarre (2)	Tiliard	Dierolf. Cruceret. Paquet.
Drôme.......	2e	b.d'a			De Beugny d'Hagerue. Trouillier, cap. c.
Finistère.....	22e	{ 1er 2e 3e 4e 5e	Garnier de la Villesbret.	Samson. Noyer.	Morhain. De Liraudais. De Legge. De Réals. De Lalande.
Hérault......	45e	{ 1er 2e 3e	Baron de Montvaillant.	Belleville.	de Riols de Fontclare. Vincens. Chavès.
Ille-et-Vilaine	26e	{ 1er 2e 3e 4e	Cte de Vigneral.	Caron (3).	G. v.te du Dezerseul. Legonidec. Plaine-Lépine. Le Mintier de St-André.
Indre........		1er		D'Auvergne.	Lejeune.

(3) Député à l'Assemblée nationale.

DÉPARTEMENTS	Régiments	Bataillons	COLONELS Cls de groupes de Garde mobile MM.	LIEUT.-COLONELS MM.	CHEFS DE BATAILLON MM.	OBSERVATIONS
Loire-Inférre.	28e	3e 4e 5e b. d'a.		Bascher.	Josseaume. Bon de Lareinty. Vte de Pellan. Ménard, ch. d'esc.	
Loiret.......	37e	2e 3e 4e 5e		Freyssinet.	De Franchessin. Bigot de Touane. Bigot de Morogue. De Moufle.	
Marne.......		1er			Dagonet.	
Morbihan....	31e	1er 2e 5e	Tillet.	Du Hanlay.	D'Auvergne. Buriet. Patissier.	
Puy-de-Dôme.		1er			Bernard de la Fosse	
Rhône.......		b. d'a.			Delare, ch. d'esc.	
Saône-et-Loire	13e	1er 3e 5e		Dénat.	De Montmorillon. De Raffin. De Castelarre	

Seine-et-Marne	38ᵉ	2ᵉ 3ᵉ 4ᵉ	Franceschelti.	Roussel de Courcy. { Tétard. Breton. Arnoux.
Seine-et-Oise.	60ᵉ	1ᵉʳ 2 3ᵉ		Rincheval. { Rolland. Fouju. Blot.
	51ᶜ	4ᵉ 5ᵉ 6ᵉ ba.d'a		Abraham. { Lacoste. D'Aucourt, D'Aguerre.
Seine-Inférᵉ,	50ᵉ	1ᵉʳ 3ᵉ 4ᵉ	De Berruyer.	Amyot du Mesnil { Chrétien. Besson. Gaillard. Ribeaudeau. Journault.
Somme......	52ᵉ	1ᵉʳ 2ᵉ 5ᵉ 3ᵉ 6ᵉ		Boucher. { Frère. Vᵗᵉ de Raineville. Bᵒⁿ de St-Aubanet. Duhan. Mouronval.
				D'Anzel d'Aumont.
Tarn........	7ᵉ	1ᵉʳ 2ᵉ 3ᵉ	Cᵗᵉ Reille.	Faure. { De Faramond de la Fageolle. Vᵗᵉ de Foncaud. De Peslouan.

DÉPARTEMENTS	Régiments	Bataillons	COLONELS C^{ts} de groupes de Garde mobile	LIEUT.-COLONELS	CHEFS DE BATAILLON	OBSERVATIONS
			MM.	MM.	MM.	
Vienne......	36^e	1er 2e 3^e		Mahieu.	Salvy. De Beaumont. De Lastié St-Jalles	
Vendée......	35°	1er 2. 3. 4.		Madelor.	Lemercier. Chapot. De Bejarry (1). De Guinebaud.	(1) Nommé en remplacement de M. de la Borletière blessé grièvement.

FIN DE LA NOMENCLATURE

DES BATAILLONS, RÉGIMENTS ET BATTERIES D'ARTILLERIE DE LA GARDE MOBILE DE PROVINCE PRÉSENTS A PARIS PENDANT LE SIÉGE.

ERRATA

Pages.	Paragraphes.	Lignes.	Au lieu de :	Lisez :
13	III	3e	— Avec les sentiments.	— Grâce aux sentiments.
36	III	9e	— Ils comprenaient tous.	— Tous comprenaient.
49	(Tableau)	S.-lieut^{ts}	— Pierre.	— Pieyre.
51	(d°)	(d°)	— Jourda.	— Jourdan.
64	II	8	— Chef des corps.	— Chef de corps.
74	V	5	— à la suite des infructueuses.	— et des infructueuses.
86	III	1	— pas trop pénible.	— par trop pénible.
115	(Note)	3	— Avril.	— Mars.
142	IV	5	— trop long.	— trop prolongé.
158	IV	10 et 11	— Ils l'effectuèrent enfin, le 12 au soir, à Créteil.	— Ils se dirigèrent enfin vers l'extérieur, le 12 au soir, par Créteil.
182	IV	2 et 3	— se produit.	— se soit produit.
256	I	1-2	— N'était rendu très-dangereux que par.	— Était rendu très-dangereux par.
297	VII	3	— Et en danger.	— Et au danger.
280	VII	4	— Retardé.	— Retardée.

TABLE DES CHAPITRES

	Pages
Avant-propos	5

I. — La Batterie d'artillerie départementale au siége de Langres 7

II. — La Garde mobile de l'Hérault au siége de Paris 15

    Entretien de l'auteur avec ses concitoyens du département 17

Chapitre 1er. — Avant le départ pour Paris 25

— II. — En route pour Paris 41

— III. — Premier séjour dans Paris 47

— IV. — Campements de Rosny et de Noisy-le-Sec 57

— V. — Cantonnements de Pantin et de Bobigny 83

— VI. — Occupation d'Aubervilliers, combat du Drancy 89

— VII. — Commandement supérieur de la brigade et de la presqu'île de Saint-Maur 107

— VIII. — Après l'armistice, ou Deuxième Séjour dans Paris et Retour des gardes mobiles dans leurs foyers. 193

III. — La Garde mobile de l'Hérault en Algérie pendant l'insurrection kabyle 211

	Pages
Nouvel Entretien de l'auteur avec ses concitoyens du département	213
Chapitre Ier. — Formation des 4e et 5e bataillons. — Départ pour Oran. — Insurrection kabyle. — Détachement du 5e bataillon dans la province d'Alger ; — à l'Alma, Orléansville, Arzew et Tenez	223
— II. — Détachement des 4e et 5e bataillons à Bougie. — Nombreux engagements successifs	240
— III. — Détachements des 4e et 5e bataillons à Dellys. — Divers assauts repoussés	271
— IV. — Détachements du 4e bataillon à Tizi-Ouzou. — Combat des Beni-Issoun.	277
IV. — Le Dépôt du régiment des mobiles de l'Hérault	283
V. — Dernière page de l'Historique du 45e régiment provisoire	287
Appendice. — Nomenclature des corps de la garde mobile de province, présents dans Paris pendant le siége	295
Errata	301
Table des Chapitres	303

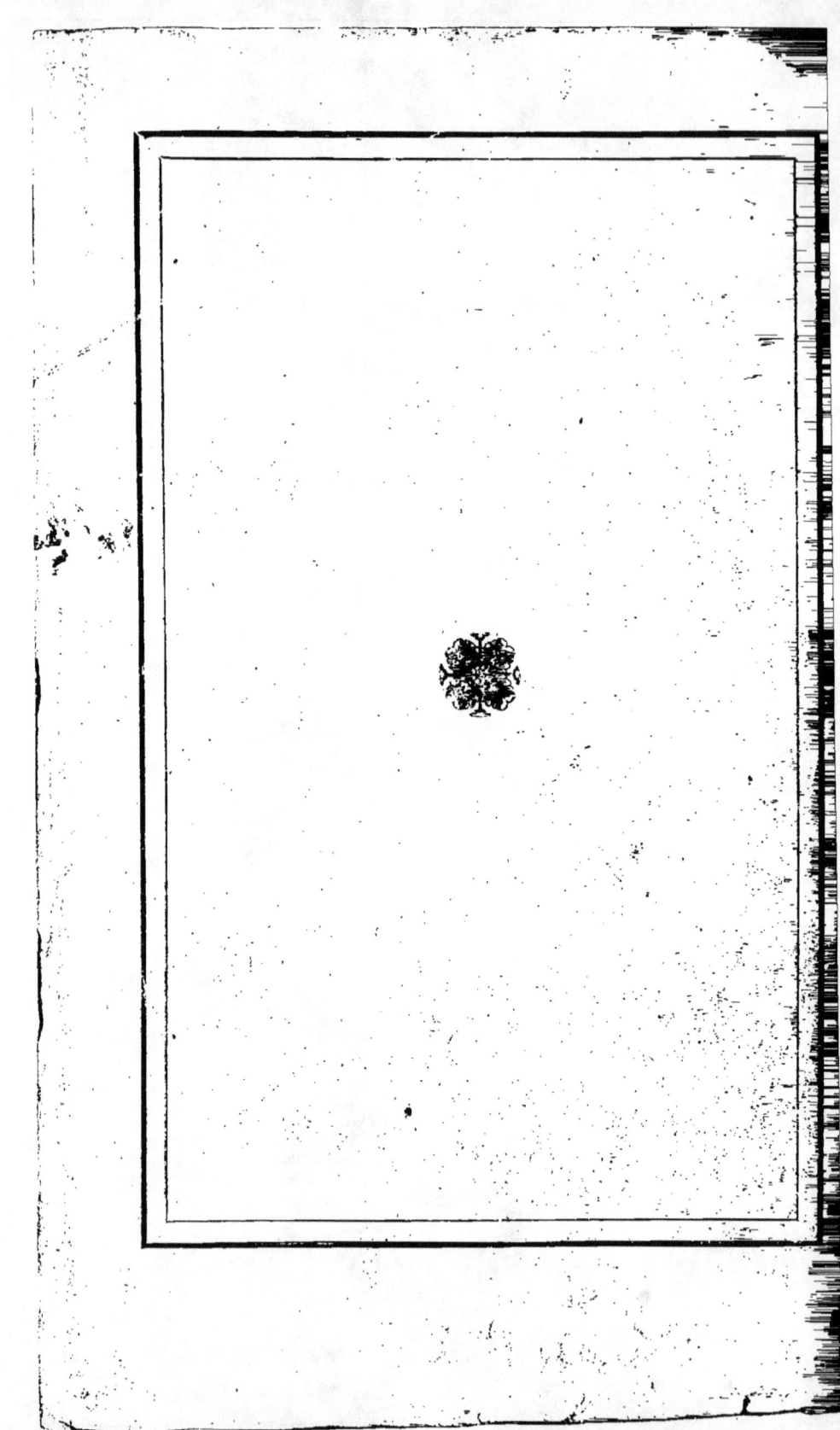

www.ingramcontent.com/pod-product-compliance
Lightning Source LLC
Chambersburg PA
CBHW071525160426
43196CB00010B/1665